MIX
Papier aus verantwortungsvollen Quellen
Paper from responsible sources
FSC® C105338

Michael Menningen

Aufbau, Bestandteile und Problemfelder ökonomischer Risikotragfähigkeitskonzepte in Banken

Betrachtung interner Risikotragfähigkeitskonzepte aus dem Blickwinkel der Bankenaufsicht

Diplomica Verlag GmbH

Menningen, Michael: Aufbau, Bestandteile und Problemfelder
ökonomischer Risikotragfähigkeitskonzepte in Banken: Betrachtung interner
Risikotragfähigkeitskonzepte aus dem Blickwinkel der Bankenaufsicht,
Hamburg, Diplomica Verlag GmbH 2013

Buch-ISBN: 978-3-8428-8163-1
PDF-eBook-ISBN: 978-3-8428-3163-6
Druck/Herstellung: Diplomica® Verlag GmbH, Hamburg, 2013

Bibliografische Information der Deutschen Nationalbibliothek:
Die Deutsche Nationalbibliothek verzeichnet diese Publikation in der Deutschen
Nationalbibliografie; detaillierte bibliografische Daten sind im Internet über
http://dnb.d-nb.de abrufbar.

Das Werk einschließlich aller seiner Teile ist urheberrechtlich geschützt. Jede Verwertung
außerhalb der Grenzen des Urheberrechtsgesetzes ist ohne Zustimmung des Verlages
unzulässig und strafbar. Dies gilt insbesondere für Vervielfältigungen, Übersetzungen,
Mikroverfilmungen und die Einspeicherung und Bearbeitung in elektronischen Systemen.

Die Wiedergabe von Gebrauchsnamen, Handelsnamen, Warenbezeichnungen usw. in
diesem Werk berechtigt auch ohne besondere Kennzeichnung nicht zu der Annahme,
dass solche Namen im Sinne der Warenzeichen- und Markenschutz-Gesetzgebung als frei
zu betrachten wären und daher von jedermann benutzt werden dürften.

Die Informationen in diesem Werk wurden mit Sorgfalt erarbeitet. Dennoch können
Fehler nicht vollständig ausgeschlossen werden und die Diplomica Verlag GmbH, die
Autoren oder Übersetzer übernehmen keine juristische Verantwortung oder irgendeine
Haftung für evtl. verbliebene fehlerhafte Angaben und deren Folgen.

Alle Rechte vorbehalten

© Diplomica Verlag GmbH
Hermannstal 119k, 22119 Hamburg
http://www.diplomica-verlag.de, Hamburg 2013
Printed in Germany

Inhaltsverzeichnis

Inhaltsverzeichnis 5
Abbildungsverzeichnis 7
Abkürzungsverzeichnis 10
1   Einleitung 13
    1.1   Einführung in die Thematik 13
    1.2   Zielsetzung und Aufbau des Buches 15
2   **Bankaufsichtliche Grundlagen zur Verwendung ökonomischer Risikotragfähigkeitskonzepte** 17
    2.1   Allgemeine Grundlagen und Zielsetzung der deutschen Bankenaufsicht 17
    2.2   Entstehung der regulatorischen Anforderungen zur Verwendung ökonomischer Risikotragfähigkeitskonzepte 19
    2.3   Regulatorische Vorgaben von ICAAP und MaRisk zur Verwendung ökonomischer Risikotragfähigkeitskonzepte 24
3   **Darstellung von Funktionsweise und Bestandteilen ökonomischer Risikotragfähigkeitskonzepte in Banken** 31
    3.1   Grundlagen ökonomischer Risikotragfähigkeitskonzepte 31
        3.1.1   Allgemeiner Aufbau und Funktionsweise ökonomischer Risikotragfähigkeitskonzepte 31
        3.1.2   Definition des ökonomischen Kapitals und Abgrenzung zum regulatorischen Kapital 34
        3.1.3   Definition des Risikodeckungspotentials 36
        3.1.4   Going-Concern- versus Gone-Concern-Ansätze 38
    3.2   Möglichkeiten zur Bestimmung des Risikodeckungspotentials 44
        3.2.1   Bilanz- und GuV-orientierte Ermittlung des Risikodeckungspotentials 44
        3.2.2   Barwertorientierte Bestimmung des Risikodeckungspotentials 46
    3.3   Allgemeine Aspekte der Risikoquantifizierung in ökonomischen Risikotragfähigkeitskonzepten 49
        3.3.1   Allgemeine Definition des Risikobegriffs und der bankgeschäftlichen Risiken 49
        3.3.2   Regulatorisch zu berücksichtigende Risikoarten 52
        3.3.3   Definition und Unterscheidung von Expected Loss und Unexpected Loss 60
        3.3.4   Der Value-at-Risk als zentrales Risikomaß ökonomischer Risikotragfähigkeitskonzepte 62
            3.3.4.1   Grundlagen der Risikomessung mittels Value-at-Risk und Expected Shortfall 62
            3.3.4.2   Übliche Ansätze zur Bestimmung des Value-at-Risk 68
        3.3.5   Wahl des Konfidenzniveaus 74
        3.3.6   Wahl des zu betrachtenden Zeithorizonts 77

3.4.	Spezielle Modellansätze zur Quantifizierung wesentlicher Einzelrisiken und des ökonomischen Kapitals	78
3.4.1	Möglichkeiten zur Quantifizierung des Marktrisikos	78
3.4.2	Häufige Modellansätze zur Quantifizierung des Kreditrisikos	84
3.4.3	Verbreiteter Modellansatz zur Quantifizierung des operationellen Risikos	96
3.4.4	Erste Modellansätze zur Quantifizierung des Liquiditätsrisikos	101
3.4.5	Möglichkeiten der Aggregation von Einzelrisiken zur Quantifizierung des ökonomischen Kapitals	106
3.5	Wichtige Aspekte bei der Gegenüberstellung von ökonomischem Kapital und Risikodeckungspotential	115
3.6	Mögliche Arten von Stress-Tests	119
4	**Mögliche Problemfelder bei der regulatorischen Beurteilung ökonomischer Risikotragfähigkeitskonzepte**	**123**
4.1	Grundsätzliche Herausforderungen des qualitativen Aufsichtsansatzes der deutschen Bankenaufsicht	123
4.2	Kritische Aspekte bei der regulatorischen Beurteilung des Risikodeckungspotentials	125
4.3	Potentielle Problemfelder bei der regulatorischen Beurteilung ökonomischer Risikomodelle	128
4.4	Herausforderungen für die Gesamtbeurteilung ökonomischer Risikotragfähigkeitskonzepte	132
4.5	Ansatz zur Optimierung der regulatorischen Beurteilung ökonomischer Risikotragfähigkeitskonzepte	133
5	**Zusammenfassung und Ausblick**	**137**
5.1	Zusammenfassung wichtiger Erkenntnisse	137
5.2	Ausblick auf mögliche weitere Entwicklungen	138
Literaturverzeichnis		**141**

Abbildungsverzeichnis

Abbildung 1:	Umsetzung von Basel II in nationales Recht	20
Abbildung 2:	Grundkonzept von Basel II und Einbettung des ICAAP	21
Abbildung 3:	Inhalte und Anforderungen von ICAAP und SREP	23
Abbildung 4:	Einbettung ökonomischer Risikotragfähigkeitskonzepte in den regulatorischen Gesamtrahmen der MaRisk	29
Abbildung 5:	Zentrale Elemente und Grundprinzip ökonomischer Risikotragfähigkeitskonzepte	31
Abbildung 6:	Prozess zur Sicherstellung der Risikotragfähigkeit (ICAAP)	33
Abbildung 7:	Vom gesamten zum verwendeten Risikodeckungspotential	37
Abbildung 8:	Going-Concern- und Gone-Concern-Ansätze bei einer Bilanz- und GuV-orientierten Risikotragfähigkeitsbetrachtung	41
Abbildung 9:	Fünfstufige Aufteilung des Risikodeckungspotentials in Banken	42
Abbildung 10:	Konfidenzniveauabhängige Einbeziehung des Risikodeckungspotentials	43
Abbildung 11:	Möglichkeiten zur Definition des Risikodeckungspotentials	45
Abbildung 12:	Schematische Bestimmung eines barwertigen Risikodeckungspotentials	47
Abbildung 13:	Schematische Ermittlung des barwertigen Substanzvermögens	47
Abbildung 14:	Erfolgs- und Liquiditätsrisiken einer Bank	51
Abbildung 15:	Marktpreisrisiken eines Kreditinstituts	55
Abbildung 16:	Operationelle Risiken eines Kreditinstituts	56
Abbildung 17:	Liquiditätsrisiken eines Kreditinstituts	57
Abbildung 18:	Komponenten des Liquiditätsrisikos in Banken	58
Abbildung 19:	Liquidity at Risk und Liquidity-Value-at-Risk	59
Abbildung 20:	Kurzfristige und strukturelle Liquiditätsrisikosteuerung in Banken	60
Abbildung 21:	Zusammenhang zwischen Value-at-Risk, Expected Loss und resultierendem ökonomischen Kapital	62

Abbildung 22:	VaR-basierte versus ES-basierte Ermittlung des ökonomischen Kapitals.	65
Abbildung 23:	Typische Verlustverteilungsformen für Kredit-, Markt- und operationelle Risiken sowie ihrer möglichen Aggregation	66
Abbildung 24:	VaR-Ermittlung mit Hilfe des Risikomodells „RiskMaster"	67
Abbildung 25:	Eigenschaften der drei häufigsten Modelle zur VaR-Ermittlung	72
Abbildung 26:	Stärken und Schwächen der drei häufigsten Methoden zur VaR-Ermittlung	73
Abbildung 27:	Konfidenzniveaus für die ökonomische Kapitalsteuerung deutscher Banken im Jahr 2006	75
Abbildung 28:	Beispiele für Risikofaktoren im Marktrisikobereich	80
Abbildung 29:	Typische Dichteverteilung von Markt- und Kreditrisiken im Vergleich	86
Abbildung 30:	Schematischer Aufbau von „CreditRisk+"	88
Abbildung 31:	Zusammenhang zwischen Unternehmenswert und erwarteter Ausfallrate (EDF) in „PortfolioManager"	90
Abbildung 32:	Schematischer Aufbau von „CreditMetrics"	92
Abbildung 33:	Schematischer Aufbau von „CreditPortfolio View"	94
Abbildung 34:	Vor- und Nachteile unterschiedlicher Kreditrisikomodelle	95
Abbildung 35:	Vergleich der häufigsten Kreditrisikomodelle	96
Abbildung 36:	Beispielhafte Struktur eines Modells zur Quantifizierung operationeller Risiken	101
Abbildung 37:	Schematische Darstellung der Liquidity at Risk Bestimmung	103
Abbildung 38:	Schematische Darstellung einer Liquiditätsablaufbilanz	104
Abbildung 39:	Mehrdimensionalität des strukturellen Liquiditätsrisikos	104
Abbildung 40:	Schema zur Liquidity-Value-at-Risk-basierten Bestimmung des ökonomischen Kapitals für das (strukturelle) Liquiditätsrisiko	105
Abbildung 41:	Schematische Darstellung einer Inter-Risk-Korrelationsmatrix	109
Abbildung 42:	Bandbreite verwendeter Inter-Risk-Korrelationsannahmen	110

Abbildung 43:	Vor- und Nachteile verschiedener Risikoaggregationsmethoden	114
Abbildung 44:	Durch Risikoaggregation erzielte Diversifikationseffekte.	115
Abbildung 45:	Arten und mögliche Kategorisierung von Stress-Tests	120
Abbildung 46:	Historische Stress-Szenarien	121

Abkürzungsverzeichnis:

Abs.	Absatz
ACE	Adjusted Common Equity
AMA	Advanced Measurement Approach
BaFin	Bundesanstalt für Finanzdienstleistungsaufsicht
BCBS	Basel Committee on Banking Supervision
Bd.	Band
bzw.	beziehungsweise
ca.	circa
CVaR	Conditional VaR (alternativ für: Expected Shortfall)
C-VaR	Credit-Value-at-Risk
d. h.	das heißt
dt.	deutsch
EDF	Expected Default Frequency
EL	Expected Loss (dt. erwarteter Verlust)
ES	Expected Shortfall
etc.	et cetera
EU	Europäische Union
f.	folgende Seite
ff.	folgende Seiten
ggf.	gegebenenfalls
GuV	Gewinn- und Verlustrechnung (als Teil des Jahresabschlusses)
HGB	Handelsgesetzbuch
Hrsg.	Herausgeber

ICAAP	Internal Capital Adequacy Assessment Process
IRBA	Internal Ratings-Based Approach
IT	Informationstechnik (Informations- und Datenverarbeitung)
KWG	Gesetz über das Kreditwesen (Kreditwesengesetz)
L-VaR	Liquidity-Value-at-Risk
LaR	Liquidity at Risk
MaH	Mindestanforderungen an das Handelsgeschäft
MaIR	Mindestanforderungen an die Interne Revision
MaK	Mindestanforderungen an das Kreditgeschäft
MaRisk	Mindestanforderungen an das Risikomanagement, Rundschreiben 11/2010 der Bundesanstalt für Finanzdienstleistungsaufsicht (BaFin), vom 15.12.2010.
o. Ä.	oder Ähnliches
OTC	over the counter
PD	Probability of Default (dt. Ausfallwahrscheinlichkeit)
QIS	Quantitative Impact Studie
RDP	Risikodeckungspotential
RTF-Konzept	Risikotragfähigkeitskonzept
S.	Seite(n)
sog.	sogenannt(e)
SolvV	Verordnung über die angemessene Eigenmittelausstattung von Instituten, Institutsgruppen und Finanzholding-Gruppen (Solvabilitätsverordnung)
SREP	Supervisory Review and Evaluation Process
SRP	Supervisory Review Process
u. a.	unter anderem

UL	Unexpected Loss (dt. unerwarteter Verlust)
VaR	Value-at-Risk
vgl.	vergleiche
z. B.	zum Beispiel
∞	unendlich

1 Einleitung

1.1 Einführung in die Thematik

Banken spielen im heutigen, global verknüpften Wirtschaftskreislauf eine zentrale Rolle. Sie fungieren (im Idealzustand) als Herz bzw. als Mittler und Moderator des Wirtschaftssystems, indem sie die Wirtschaftssubjekte unter Risiko- und Kostengesichtspunkten optimal mit Geldmitteln versorgen bzw. diese entsprechend verwalten und anlegen.[1] Wie leicht dieses empfindliche Gleichgewicht jedoch durch einen teilweisen Ausfall oder ein nicht mehr normal funktionierendes Bankensystem gestört werden kann und welche gravierenden Folgen sich daraus für eine Volkswirtschaft ergeben können, hat die Ende 2007 als „Subprime-Krise" begonnene und letztlich bis heute andauernde globale Finanz-, Wirtschafts- und inzwischen auch Staatenkrise eindrucksvoll unter Beweis gestellt.[2]

Aus diesem Grund richten nationale Regierungen seit jeher ein besonderes Augenmerk auf die Regulierung des Bankensektors bzw. auf die Begrenzung und Steuerung der dort entstehenden Risiken. In den letzten Jahren beschäftigen sich zunehmend auch internationale Gremien, wie etwa die G20[3], das Financial Stability Board (FSB)[4], der Baseler Ausschuss für Bankenaufsicht (BCBS)[5] und nicht zuletzt das Committee of European Banking Supervisors

---

[1] Vgl. Mishkin, Frederic S. (2007), S. 35-37.
[2] Vgl. diverse Presseberichte zu den Schlagwörtern „Subprime-Krise", „Finanzkrise" und „Euro-Krise", z. B. unter: http://www.handelsblatt.com.
[3] Die Gruppe der Finanzminister und Zentralbankpräsidenten der 20 wichtigsten Industrie- und Schwellenländer (G-20) wurde 1999 Reaktion auf die Finanzkrisen der späten 1990er Jahre gegründet, um systemisch wichtige Themen der Weltwirtschaft zu diskutieren. Weitergehende Informationen finden sich unter: http://www.g20.org.
[4] Das FSB wurde im April 2009 als Nachfolgeorganisation des Financial Stability Forum (FSF) gegründet. Das FSF wurde im Jahr 1999 von den G7 Finanzministern und Zentralbanken mit dem Ziel gegründet, die internationale Zusammenarbeit der (Bank-) Aufsichtsbehörden zu verbessern und die Solidität des internationalen Finanzsystems zu stärken. Im November 2000 wurde der Teilnehmerkreis des FSF auf Drängen den G20 Staaten erweitert. Im Rahmen des G20-Gipfels im April 2009 wurde das erweiterte FSF in Financial Stability Board (FSB) umbenannt und mit einem weitreichenderen Mandat ausgestattet. Weitergehende Informationen finden sich unter: http://www.financialstabilityboard.org.
[5] Das Basel Committee on Banking Supervision (BCBS) ist bei der Bank für Internationalen Zahlungsausgleich (BIS), Basel, angesiedelt. Gegründet haben es die Zentralbanken der G10-Staaten im Jahre 1974, kurz nach dem Zusammenbruch des Bankhauses Herstatt. Dem Ausschuss gehören Repräsentanten der Zentralbanken und der Aufsichtsbehörden aus ursprünglich 13 Ländern an. Der Ausschuss entwickelt Empfehlungen für die Bankenaufsicht. Vgl. auch: http://www.bafin.de/DE/Unternehmen/BankenFinanzdienstleister/Basel2/basel2__node.html?__nnn=true. Weitergehende Informationen finden sich unter: www.bis.org.

(CEBS), das zum 01.01.2011 zur heutigen European Banking Authority (EBA)[6] umgewandelt wurde, damit, international einheitliche Standards zur Regulierung, Begrenzung und Steuerung der wesentlichen bankgeschäftlichen Risiken zu entwickeln.

Ausfluss der internationalen Überlegungen zur Sicherung der Funktionsfähigkeit des Bankensektors und der daraus resultierenden positiven Effekte für die Gesamtwirtschaft ist heute die parallele Verfolgung zweier unterschiedlicher regulatorischer Ansätze. Neben strikten Vorgaben zur Unterlegung bestimmter bankgeschäftlicher Risiken mit regulatorisch anerkanntem Eigenkapital (auch als Säule 1 von Basel II bezeichnet),[7] legen die Aufsichtsbehörden zunehmend Wert auf ein solides internes Risikomanagement der Banken. Als zentrales Instrument dienen dazu ökonomische Risikotragfähigkeitskonzepte, mit deren Hilfe Banken selbst für ein stets angemessenes Verhältnis zwischen eingegangenen Risiken und ökonomischen (Kapital-) Puffern zur Abfederung der Risiken sorgen können. Weder die Methoden und Verfahren zur Bestimmung der ökonomischen Risiken, noch die zur Deckung der Risiken verwendbaren Komponenten sind dabei jedoch regulatorisch vorgegeben. In den entsprechenden nationalen[8] und internationalen[9] Regelungen finden sich lediglich relativ grundlegende und prinzipienorientierte Leitlinien zur Ausgestaltung ökonomischer Risikotragfähigkeitskonzepte, die im Kontext von Basel II auch als ICAAP[10] (Internal Capital Adequacy Assessment Process) bezeichnet werden. Dieser Umstand ermöglicht es den Banken zwar einerseits weitgehend ihre eigenen Methoden und Ansätze zur internen Risikosteuerung zu nutzen und stetig weiter zu entwickeln, andererseits bedeutet er aber auch eine besondere Herausforderung für die regulatorische Beurteilung der ökonomischen Risikotragfähigkeitskonzepte durch die Bankaufsichtsbehörden.[11]

---

[6] Zum 01.01.2011 wurde das bis dahin bestehende Committee of European Banking Supervisors (CEBS) in die European Banking Authority (EBA) umgewandelt. Die EBA fungiert als Schnittstelle aller europäischen Bankaufsichtsbehörden und ist mit weitreichenden Kompetenzen im Fall einer europäischen Bankenkriese ausgestattet. Langfristiges Ziel ist es, die Kompetenzen der noch bestehenden nationalen Bankaufsichtsbehörden zu vereinheitlichen und unter dem Dach der EBA zu bündeln. Weitergehende Informationen finden sich unter: http://www.eba.europa.eu.
[7] Säule 1 von Basel II bezieht sich insbesondere auf: Kreditrisiken, Marktpreisrisiken, und operationelle Risiken. Vgl. Basel Committee on Banking Supervision (2005).
[8] In Deutschland niedergelegt in den Mindestanforderungen an das Risikomanagement (MaRisk). Vgl. Bundesanstalt für Finanzdienstleistungsaufsicht (2010).
[9] International in den Empfehlungen von Säule 2 von Basel II niedergelegt. Vgl. Basel Committee on Banking Supervision (2005), S. 162 ff.
[10] Vgl. Basel Committee on Banking Supervision (2005), S. 162 ff.
[11] Vgl. Deutsche Bundesbank (2006), S. 69.

1.2 Zielsetzung und Aufbau des Buches

Das vorliegende Werk ist der Darstellung und der kritischen Analyse ökonomischer Risikotragfähigkeitskonzepte (nachfolgend: RTF-Konzepte) vor dem Hintergrund der regulatorischen Anforderungen der deutschen Bankenaufsicht[12] gewidmet. Neben einer Darstellung der grundsätzlichen Funktionsweise und des Aufbaus ökonomischer RTF-Konzepte, geht das Buch dabei besonders auf unterschiedliche Möglichkeiten zur Bestimmung der beiden zentralen Komponenten, dem „ökonomischen Kapital" (Gesamtheit aller Risiken) und dem „Risikodeckungspotential" (Gesamtheit aller zur Risikoabdeckung verwendbaren Mittel), ein. Darüber hinaus werden mögliche Problemfelder bei der regulatorischen Beurteilung ökonomischer RTF-Konzepte und ihrer Einzelkomponenten beleuchtet und es wird eine Möglichkeit zur Optimierung der regulatorischen Beurteilung aufgezeigt.

Es ist ausdrücklich nicht das Ziel dieses Buches alle Möglichkeiten zur Quantifizierung bankgeschäftlicher Risiken und zur Bestimmung des ökonomischen Kapitals, sowie zur Bestimmung des Risikodeckungspotential (nachfolgend: RDP) im Detail darzustellen und zu hinterfragen. Das Werk zielt vielmehr darauf ab, ein grundsätzliches Verständnis für die Funktionsweise und die Bestandteile ökonomischer RTF-Konzepte sowie der häufig verwendeten Methoden zur Bestimmung des ökonomischen Kapitals und des RDP zu schaffen und auf damit verbundene, kritische Aspekte hinzuweisen. Eine detailliertere Darstellung, insbesondere der verschiedenen mathematischen Verfahren zur Risikoquantifizierung und Risikoaggregation, würde den Rahmen dieser Studie weit übersteigen. An den entsprechenden Stellen werden jedoch Hinweise auf weiterführende Literatur gegeben.

Das Buch gliedert sich insgesamt in fünf Kapitel. Im Anschluss an diese thematische Einführung erfolgt im zweiten Kapitel zunächst eine Darstellung der bankaufsichtlichen Grundlagen zur Verwendung ökonomischer RTF-Konzepte. Dabei werden sowohl die regulatorischen Hintergründe und Inhalte des Internal Capital Adequacy Assessment Process (ICAAP)[13], als auch seine nationale Umsetzung im Rahmen der Mindestanforderungen an das Risikomanagement (MaRisk)[14] erläutert. Das dritte Kapitel widmet sich vollständig der Darstellung der

---

[12] Deutsche Bankenaufsicht: In Deutschland übt die Bundesanstalt für Finanzdienstleistungsaufsicht (BaFin) die Aufsicht über Kreditinstitute gemeinsam mit der Deutschen Bundesbank aus, wobei hoheitliche Handlungen stets der BaFin vorbehalten sind. Vgl. Kreditwesengesetz (2011), § 7.
[13] Vgl. Basel Committee on Banking Supervision (2005), S. 162 ff.
[14] Vgl. Bundesanstalt für Finanzdienstleistungsaufsicht (2010): Rundschreiben 11/2010 (BA), Mindestanforderungen an das Risikomanagement (MaRisk).

Funktionsweise und der Bestandteile ökonomischer RTF-Konzepte. Im ersten von sechs Unterabschnitten werden darin zunächst die allgemeinen Grundlagen ökonomischer RTF-Konzepte betrachtet. Daran anschließend erfolgt eine Darstellung der grundlegenden Methoden zur Bestimmung des RDP. Im dritten Unterabschnitt werden dann erst allgemeine Aspekte der Risikoquantifizierung in ökonomischen RTF-Konzepten beleuchtet, bevor im vierten Unterabschnitt auf spezielle Modellansätze zur Quantifizierung von Einzelrisiken und des ökonomischen Kapitals insgesamt eingegangen wird. Der fünfte Unterabschnitt widmet sich der Darstellung wichtiger Aspekte, die bei der Gegenüberstellung von ökonomischem Kapital und RDP zu berücksichtigen sind. Im sechsten Unterabschnitt erfolgt schließlich noch eine Darstellung unterschiedlicher Arten von Stress-Tests, die jeweils ergänzend zu den übrigen Quantifizierungsmethoden eingesetzt werden können. Das vierte Kapitel beschäftigt sich mit möglichen Problemfeldern bei der regulatorischen Beurteilung ökonomischer RTF-Konzepte. In diesem Zusammenhang werden sowohl kritische Aspekte bei der Beurteilung einzelner Bestandteile, als auch mögliche Herausforderungen bei der Beurteilung ökonomischer RTF-Konzepte insgesamt betrachtet. Als Conclusio daraus wird schließlich eine Möglichkeit zur Optimierung der regulatorischen Beurteilung aufgezeigt. Das fünfte Kapitel schließt das Buch mit einer kurzen Zusammenfassung wichtiger Erkenntnisse und einem Ausblick auf mögliche weitere Entwicklungen im Bereich ökonomischer RTF-Konzepte ab.

2 Bankaufsichtliche Grundlagen zur Verwendung ökonomischer Risikotragfähigkeitskonzepte

2.1 Allgemeine Grundlagen und Zielsetzung der deutschen Bankenaufsicht

Um zu verstehen, warum ökonomischer RTF-Konzepte heute ein wichtiges regulatorisches Instrument darstellen, ist es sinnvoll in den folgenden beiden Abschnitten zunächst einen kurzen Blick auf die allgemeinen Grundlagen und Ziele der deutschen Bankenaufsicht und auf die Entstehung der entsprechenden regulatorischen Vorgaben zur Verwendung ökonomischer RTF-Konzepte zu werfen.

Der Grund für eine staatliche Regulierung des Bankensektors liegt zunächst allgemein (wie in der Einleitung bereits angedeutet) in der besonderen Funktion, die dem Bank- und Finanzsektor in unserer kapitalistisch ausgerichteten Wirtschaftsordnung auf nationaler und heute auch besonders auf internationaler Ebene zukommt. Volkswirtschaftlich wird der Regulierungsbedarf für den Bankensektor üblicherweise daraus abgeleitet, dass die realen Marktverhältnisse vom Idealbild eines vollkommenen Marktes, der auch ohne äußere Eingriffe funktioniert bzw. über ausreichende Selbstregulierungskräfte verfügt, abweichen.[15] Diese Unvollkommenheit resultiert regelmäßig aus starken Informationsasymmetrien und Marktstellungsunterschieden zwischen den Marktteilnehmern.[16] Ohne eine angemessene Regulierung würde diese Tatsache durch aufkommende Moral-Hazard- und Principal-Agent-Probleme schnell zu gesamtwirtschaftlichen Nachteilen in Form von extrem hohen Transaktionskosten und/oder zu einem vollständigen Versagen des Marktes und des Wirtschaftssystems insgesamt führen.[17] Trotz der so begründeten Einsicht, dass eine Bankenregulierung grundsätzlich sinnvoll und notwendig ist, sind das ideale Maß und die konkrete Ausgestaltung der Regulierung jedoch seit jeher Gegenstand zahlreicher akademischer und gesellschaftlicher Diskussionen mit teilweise weit auseinandergehenden Ansichten. Von radikalen Marktwirtschaftlern, wie etwa den als „Chicago Boys" bezeichneten Anhängern der einst von Nobelpreisträger Milton Friedman an der University of Chicago vertretenen Denkrichtung des „Klassischen Liberalismus", wird grundsätzlich jede Form einer harten, staatlichen Regulierung abgelehnt. Als Bankenregulierung würden sie maximal die Vorgabe allgemein gültiger (Markt-) Grundsätze und Leitlinien

---

[15] Vgl. Jeckle (2008), S. 5.
[16] Unter „Marktteilnehmern" sind hier sowohl die Banken untereinander, als auch die Kunden der Banken zu verstehen.
[17] Vgl. Mishkin (2007), S. 37-39.

akzeptieren.[18] Eine darüberhinausgehende Regulierung würden sie schlicht als das Resultat einer geschickten Lobbyarbeit ansehen, die nur einzelnen Marktteilnehmern ungerechtfertigte Vorteile bietet.[19] Dem gegenüber stehen in jüngster Zeit auch Politiker, denen die Regulierung des Bankensektors - quasi als Lehre aus der globalen Finanzkrise – gar nicht weit genug gehen kann. Sie propagieren sogar eine vollständige Verstaatlichung des Bankensektors.[20] Die große Mehrheit der Ökonomen und Politiker befindet sich bislang aber noch zwischen diesen beiden Extrempositionen und befürwortet eine Art der Regulierung, die zwar an besonders kritischen und risikoträchtigen Stellen des Bankgeschäfts ansetzt, den Instituten darüber hinaus aber weitgehende Freiräume ermöglicht.[21] Die konkrete Zielsetzung der heutigen Bankenaufsicht fokussiert sich dabei meist auf folgende zwei Aspekte:

- Schutz der Funktionsfähigkeit des Finanzsystems und
- Gläubigerschutz.[22]

In Deutschland wurden genau diese Ziele im Gesetz über das Kreditwesen (KWG) verankert. Danach soll die Bankenaufsicht Missständen im Kredit- und Finanzdienstleistungswesen entgegenwirken, „...welche die Sicherheit der den Instituten anvertrauten Vermögenswerte gefährden, die ordnungsmäßige Durchführung der Bankgeschäfte oder Finanzdienstleistungen beeinträchtigen oder erhebliche Nachteile für die Gesamtwirtschaft herbeiführen können."[23] Im Umkehrschluss bedeutet dies, dass die Bankenaufsicht dafür Sorge tragen muss, dass möglichst wenige Kreditinstitute eine Insolvenz erleiden, weil das sowohl zu einer Destabilisierung der Gesamtwirtschaft, als auch zu einer Gefährdung der Kundeneinlagen führen würde.

---

[18] Vgl. Jeckle (2008), S. 5-6.
[19] Vgl. Stigler (1971), S. 8-12.
[20] Vgl. z. B. den heute.de Artikel vom 23.10.2011: LINKE beschließt Parteiprogramm mit fast 97 Prozent – Programm sieht Wechsel zum demokratischen Sozialismus vor: ...LINKE...will Banken und Energieunternehmen verstaatlichen..., zu finden unter: http://www.heute.de/ZDFheute/inhalt/30/0,3672,8361726,00.html.
[21] Vgl. Basel Committee on Banking Supervision (2005).
[22] Vgl. Bieg / Krämer / Waschbusch (2009), S. 55-56.
[23] Kreditwesengesetz (2011), § 6.

2.2 Entstehung der regulatorischen Anforderungen zur Verwendung ökonomischer Risikotragfähigkeitskonzepte

Um diese in Abschnitt 2.1 formulierte, allgemeine Zielsetzung zu erreichen, dienten bis Ende 2006 die unter Basel I[24] entwickelten Eigenkapitalanforderungen von 1988, die in Deutschland durch den damaligen Grundsatz I umgesetzt wurden, als zentrales Instrument bankaufsichtlichen Handelns. Die Vorgaben konzentrierten sich dabei fast ausschließlich auf die Einhaltung bestimmter, regulatorischer Mindest-Eigenmittelanforderungen für Kredit- und Marktpreisrisiken.[25] Sie zielten darauf ab, die Verlustrisiken einzelner Institute im Insolvenzfall zu begrenzen und ihre Gläubiger zu schützen. Zur Bestimmung der Mindesthöhe der regulatorischen Kapitalunterlegung wurde dabei jedoch eine kaum nach Risikogesichtspunkten differenzierende Berechnungsmethodik verwendet.[26]

Weil Politik und Bankaufsichtsbehörden die mit den damaligen Regelungen verbundenen Nachteile, wie etwa die mangelnde Risikosensitivität, die Inkompatibilität für bestimmte neue Finanzprodukte und die Unfähigkeit Weiterentwicklungen im Bereich des bankinternen Risikomanagements zu berücksichtigen, im Laufe der Zeit erkannten, begann das BCBS im Jahr 1998 mit Überlegungen zur Weiterentwicklung dieser bankaufsichtlichen Vorgaben. Nach einer relativ langen Phase von Konsultationen und Auswirkungsstudien[27] veröffentlichte das BCBS schließlich in den Jahren 2004 und 2005 die heute als „Basel II" bekannte Rahmenvereinbarung über die Eigenkapitalanforderungen für Kreditinstitute,[28] die als Empfehlung an die nationalen Aufsichtsinstanzen der dem Gremium angehörenden Länder zu verstehen war.[29] Obwohl die Empfehlungen des BCBS somit formal keinen rechtsetzenden Charakter hatten, waren sie dennoch Ausgangspunkt für die Formulierung der europäischen Bankenrichtlinie (2006/48/EG) und der europäischen Kapitaladäquanzrichtlinie (2006/49/EG), welche bereits bis Ende 2006 von allen Mitgliedsstaaten der EU umgesetzt werden mussten. Das nachfolgende Schaubild verdeutlicht den Zusammenhang aus deutscher Sicht.[30]

---

[24] Als „Basel I" bezeichnet man die ersten Empfehlungen des Basler Ausschusses für Bankenaufsicht (BCBS) zur Eigenkapitalausstattung von Banken, aus dem Jahr 1988. Weitere Informationen finden sich unter: http://www.bis.org/list/bcbs/tid_21/index.htm.
[25] Vgl. Lüders / Weber (2006), S. 62.
[26] Vgl. Deutsche Bundesbank (2011b), S. 1.
[27] Die entsprechenden Auswirkungsstudien wurden und werden in diesem Zusammenhang auch als QIS (Quantitative Impact Studies) bezeichnet.
[28] Vgl. Basel Committee on Banking Supervision (2005). Weiterführende Informationen zum Basel Committee on Banking Supervision und zu Basel II finden sich auch unter: http://www.bis.org/publ/bcbs118.htm.
[29] Vgl. Bundesanstalt für Finanzdienstleistungsaufsicht (2011a), Anfang der Seite.
[30] Vgl. Deutsche Bundesbank (2006), S. 71.

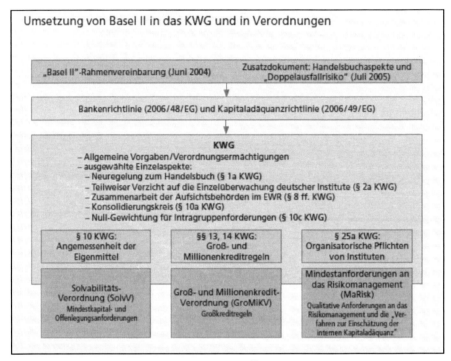

Abb. 1: Umsetzung von Basel II in nationales Recht[31]

Mit Basel II wurde ein besonderer Fokus darauf gelegt, die regulatorischen Mindest-Eigenmittelanforderungen stärker als bisher an dem tatsächlichen Maß der eingegangenen Risiken zu orientieren. Darüber hinaus sollten mit den neuen Regelungen auch neue Entwicklungen an den Finanzmärkten und im internen Risikomanagement der Institute berücksichtigt werden. Aus diesem Grund wurden die harten, rein quantitativen Eigenmittelvorgaben (auch als Säule 1 von Basel II bezeichnet) um die Vorgabe weicher, qualitativer Grundprinzipien bzw. qualitativer Mindeststandards für das interne Risikomanagement der Institute (auch als Säule 2 von Basel II bezeichnet) ergänzt.[32] Weil dies wiederum einen völlig neuen Aufsichtsansatz für die Bankaufsichtsbehörden bedeutete, beinhaltet Säule 2 von Basel II auch Empfehlungen für die regulatorische Beurteilung der neuen qualitativen Standards. In Anlehnung an die qualitativen bankaufsichtlichen Vorgaben spricht man hier deshalb auch von einem

---

[31] Vgl. Deutsche Bundesbank (2006), S. 71.
[32] Vgl. Meusel (2006), S. 52-54.

qualitativen Aufsichtsansatz. Ergänzend beinhaltet Basel II noch eine Ausweitung der Offenlegungspflichten, um die allgemeine Marktdisziplin zu stärken.[33]

Die Empfehlungen von Basel II gliedern sich somit in die drei nachstehend nochmals eingehender dargestellten Säulen, wobei die Säulen 2 und 3 im Vergleich zu Basel I neu hinzugekommen sind.

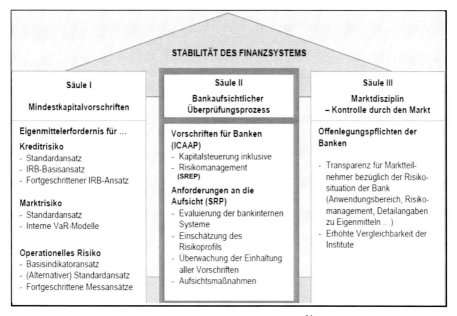

Abb. 2: Grundkonzept von Basel II und Einbettung des ICAAP[34]

Säule 1 beinhaltet harte Mindestanforderungen, für die Unterlegung von Kreditrisiken, Marktrisiken[35] und operationellen Risiken mit regulatorischem Eigenkapital. Die Komponenten und die mögliche Zusammensetzung des aufsichtlichen Eigenkapitals, als auch die Methoden zur Bestimmung der Risiken sind dabei weitgehend vorgegeben. Die Umsetzung dieser Vorgaben erfolgte in Deutschland größtenteils durch die sogenannte Solvabilitätsverordnung (SolvV).[36] Zur Bemessung der regulatorischen Mindest-Eigenkapitalanforderungen

---

[33] Vgl. Oschischnig / Steiger (2006), S. 9.
[34] Vgl. Oschischnig / Steiger (2006), S. 9.
[35] Die Ansätze zur Berechnung der Kapitalunterlegung für Marktrisiken, um die Basel I bereits 1996 erweitert wurde, wurden in Säule 1 von Basel II übernommen.
Vgl. Bundesanstalt für Finanzdienstleistungsaufsicht (2011a), Mitte der Internetseite.
[36] Vgl. Solvabilitätsverordnung (2010).

stehen dabei in den drei Risikobereichen jeweils unterschiedlich komplexe bzw. risikosensitive, regulatorisch vorgegebene Risikomessverfahren zur Wahl.[37] Durch die Verwendung der jeweils risikosensitivsten Verfahren[38] können die Institute eine Reduzierung ihrer regulatorischen Eigenmittelanforderung gegenüber der Verwendung einfacherer Ansätze erreichen.[39] Die Regelungen geben somit einen flexiblen aber dennoch weitgehend vordefinierten Rahmen vor, aus dem sich die Banken (vorbehaltlich einer aufsichtlichen Genehmigung) einen ihrer Komplexität, ihrem Risikoprofil und der Erwartung ihrer Investoren entsprechenden Ansatz auswählen können.

Die **Säule 2** beinhaltet den so genannten Supervisory Review Process (SRP),[40] der sich wiederum in seine beiden Bestandteile, den Internal Capital Adequacy Assessment Process (ICAAP) und den Supervisory Review and Evaluation Process (SREP), aufgliedert. Der im Rahmen dieses Buches besonders interessierende ICAAP, beinhaltet dabei die Mindestanforderungen an das interne Risikomanagement, die auf die Verwendung eines internen RTF-Konzeptes abzielen, mit dessen Hilfe Institute alle jeweils für sie wesentlichen Risiken identifizieren, bemessen, überwachen und angemessen mit ökonomischem Kapital unterlegen sollen. Diese Vorgaben wurden auf nationaler Ebene[41] durch die MaRisk[42] umgesetzt. Der auch als bank-aufsichtlicher Evaluationsprozess bezeichnete SREP enthält dagegen Empfehlungen zur regulatorischen Überprüfung und Beurteilung des ICAAP bzw. der ökonomischen RTF-Konzepte. Das nachfolgende Schaubild fasst die wesentlichen Inhalte von ICAAP und SREP zusammen.

---

[37] Zur Wahl stehen dabei jeweils einfache und komplexere (fortgeschrittene) Ansätze, die risikosensitiver sind und teilweise auf bankeigenen Schätzungen beruhen.
[38] Die jeweils komplexesten und risikosensitivsten Risikomessverfahren werden auch als „fortgeschrittene Ansätze" bezeichnet.
[39] Vgl. Solvabilitätsverordnung (2010).
[40] Vgl. Basel Committee on Banking Supervision (2005), S. 162 ff.
[41] Betrachtet wird im Rahmen dieses Buches nur die deutsche Umsetzung der Regelungen.
[42] Vgl. Bundesanstalt für Finanzdienstleistungsaufsicht (2010).

Aufsicht: bankaufsichtlicher Evaluationsprozess (SREP)	Geschäftsleitung: bankinterner Einschätzungsprozess (ICAAP)
• Aufsichtliche Überprüfung und Beurteilung der Angemessenheit bankinternen Risikobewertungen und Strategien • Basis sind on- und off-site-Informationen, zum Beispiel im Rahmen des Risk Assessment System (RAS, s.u.) • Beurteilung der Angemessenheit von Kontrollfunktionen sowie von Prozessen und Strategien • Aufsichtliche Bewertung der internen Kernkapitalanforderungen • Identifikation von Schwachstellen sowie notwendiger aufsichtlicher Maßnahmen	• Umfassende Bewertung aller materiellen Risiken • Adäquate interne Kontrollmechanismen, generell und nach Risikobereichen • Strategie für das Beibehalten der Höhe der Eigenmittel • Schlussfolgerungen zur Höhe der Eigenmittel im Verhältnis zum Risikoprofil, zu Strategien und Business Plan • Aussagen über erfolgreiche Maßnahmen zur Einhaltung eines guten Capital Adequacy Assessment Prozess-Standards

Abb. 3: Inhalte und Anforderungen von ICAAP und SREP[43]

Das Zusammenspiel und die jeweilige institutsspezifische Ausgestaltung von ICCAP und SREP sollen sich dabei an dem Grundsatz der sogenannten „doppelten Proportionalität" orientieren. Das bedeutet, dass sowohl das interne Risikomanagement der Institute, als auch die bankaufsichtliche Überprüfung des Risikomanagements mit Art, Umfang und Komplexität der von den Instituten jeweils betriebenen Geschäfte korrespondieren sollen. Dieser Grundsatz zieht sich wie ein roter Faden durch die gesamten Vorgaben der Säule 2 von Basel II und unterstreicht damit den Anspruch der Regelungen, besonders risikosensitiv zu sein. Darüber hinaus führt er dazu, dass die in den MaRisk zu findenden Mindestanforderungen, im Vergleich zu anderen bankaufsichtlichen Regelungstexten, wie etwa dem KWG[44] oder der SolvV[45], extrem schlank ausgestaltet werden konnten. Gleichzeitig führt dies allerdings auch (wie eingangs bereits erwähnt) zu besonderen Herausforderungen für die operative Bankenaufsicht, weil sich die einzelnen Aufseher beispielsweise bereits bei Festlegung der Aufsichtsstrategie und der Aufsichtsintensität tief mit den jeweiligen Besonderheiten und der Risikostrukturen der einzelnen Institute auseinandersetzen müssen.[46]

Die in **Säule 3** enthaltenen Veröffentlichungspflichten für bestimmte risikorelevante Informationen der Institute sollen schließlich dazu dienen, die allgemeine Marktdisziplin bzw. eine gewisse Selbstregulierung des Bankenmarktes zu fördern und die regulatorischen Bemühun-

---

[43] Vgl. Meusel (2006), S. 54.
[44] Vgl. Kreditwesengesetz (2011).
[45] Vgl. Solvabilitätsverordnung (2010).
[46] Vgl. Meusel (2006), S. 53.

gen dadurch zu unterstützen.[47] Auch diese Vorgaben wurden größtenteils im Rahmen der SolvV umgesetzt.

Die Umsetzung der wesentlichen Inhalte und qualitativen Vorgaben der Säule 2 von Basel II durch die MaRisk erfolgte in Deutschland bereits im Jahre 2005 und somit noch vor der Umsetzung der beiden übrigen Säulen.[48] Lediglich die Anforderungen der Säule 2 von Basel II bzw. der europäischen Bankenrichtlinie zum „Zinsschock" (Ermittlung der potentiellen Auswirkungen einer plötzlichen und unerwarteten Marktzinsänderung) wurden etwas verspätet im Jahr 2007 mit dem BaFin-Rundschreiben 07/2007[49] zu den Zinsänderungsrisiken im Anlagebuch aufgegriffen.

Bei der nationalen Umsetzung der Vorgaben ist jedoch insgesamt zu berücksichtigen, dass ein eins-zu-eins Vergleich zwischen dem SRP von Basel II und den Regelungen der MaRisk kaum möglich ist. Grund dafür ist die Tatsache, dass der deutsche Gesetzgeber großen Wert darauf gelegt hat, im Rahmen der Umsetzung ein gewisser Wiedererkennungseffekt der damals bereits vorhandenen und im Zuge von Basel II nur in die neuen MaRisk integrierten Mindestanforderungen an das Handelsgeschäft (MaH), an die Interne Revision (MaIR) und an das Kreditgeschäft (MaK) zu erreichen. Dies sollte den Instituten die praktische Umsetzung der Vorgaben erleichtern, weil letztlich nur die tatsächlich neuen Anforderungen auch organisatorisch neu geregelt werden mussten.[50] Die wesentlichen und für die Verwendung ökonomischer RTF-Konzepte relevanten Inhalte des ICAAP bzw. der Säule 2 von Basel II[51] finden sich dem Grundverständnis nach dennoch in den MaRisk wieder.

2.3 Regulatorische Vorgaben von ICAAP und MaRisk zur Verwendung ökonomischer Risikotragfähigkeitskonzepte

Der in Abschnitt 2.2 vorgestellte SRP (Säule 2 von Basel II) gliedert sich insgesamt in fünf Kapitel, wovon insbesondere das in vier Grundsätze unterteilte zweite Kapitel ausschlagge-

---

[47] Vgl. Bundesanstalt für Finanzdienstleistungsaufsicht (2011a), Ende der Internetseite.
[48] Vgl. Meusel (2006), S. 52-53.
[49] Vgl. Bundesanstalt für Finanzdienstleistungsaufsicht (2007).
[50] Vgl. Meusel (2006), S. 55.
[51] Vgl. Basel Committee on Banking Supervision (2005), S. 162-200.

bend für die Anwendung ökonomischer RTF-Konzepte ist.[52] Der Vollständigkeit halber werden nachfolgend auch die Inhalte der übrigen vier Kapitel kurz erwähnt.

Das erste Kapitel enthält zunächst eine allgemeine Erläuterung des SRP, Ausführungen zur Verantwortung der Geschäftsleitung und Erläuterungen zu der neuen, risikoorientierten Vorgehensweise der Aufsichtsinstanzen.

Das zweite Kapitel enthält folgende vier Grundsätze:

Grundsatz 1: <u>Banken sollen über ein Verfahren zur Bestimmung einer angemessenen (ökonomischen) Eigenkapitalausstattung, im Verhältnis zu ihrem Risikoprofil sowie über eine Strategie zum Erhalt ihres (ökonomischen) Eigenkapitalniveaus verfügen.</u> (-> ICAAP)

Grundsatz 2: Die Aufsichtsinstanzen sollen die bankinternen Verfahren zur Bestimmung einer angemessenen (ökonomischen) Eigen-kapitalausstattung und die entsprechende Strategie der Institute überprüfen und bewerten; ... Die Aufsichtsinstanzen sollen ggf. angemessene aufsichtliche Maßnahmen ergreifen, um die Risikotragfähigkeit sicherzustellen ... (-> SREP)

Grundsatz 3: Die Aufsichtsinstanzen sollen von den Banken erwarten, dass sie über eine höhere Eigenkapitalausstattung als die aufsichtlich geforderte Mindesteigenkapitalausstattung (nach Säule 1 von Basel II) verfügen und die Möglichkeit haben, von den Banken eine höhere als die Mindesteigenkapitalausstattung zu verlangen. (-> SREP)

Grundsatz 4: Die Aufsichtsinstanzen sollen frühzeitig eingreifen, um zu verhindern, dass das (ökonomische) Eigenkapital unter die geforderte Mindestausstattung fällt, die auf Grund des Risikoprofils einer bestimmten Bank notwendig ist. ... (-> SREP)

Im dritten Kapitel folgen besondere Regelungen zur Behandlung des Zinsänderungsrisikos im Anlagebuch, zum Kreditrisiko und zu operationellen Risiken. (-> Ergänzung zum ICAAP)

---

[52] Vgl. Basel Committee on Banking Supervision (2005), S. 163-170.

Im vierten Kapitel findet sich noch ein kurzer Einschub zu Transparenz-anforderungen und zur grenzüberschreitenden Kommunikation zwischen den nationalen Aufsichtsbehörden. (-> SREP)

Das fünfte Kapitel schließt letztlich mit einer ausführlichen Behandlung von Risiken im Rahmen von Verbriefungen ab.[53]

Die Grundgedanken des SRP und somit auch des ICAAP wurden in die MaRisk, die seit ihrer Einführung im Jahr 2005 verschiedene Überarbeitungen und Ergänzungen erfahren haben und aktuell als "BaFin-Rundschreiben 11/2010 (BA), vom 15.12.2010 – Mindestanforderungen an das Risikomanagement – MaRisk"[54] vorliegen, übernommen.[55] Der konkrete Begriff des „ICAAP" findet sich jedoch im Text der MaRisk nicht wieder. Im allgemeinen Sprachgebrauch wird dennoch oft zusammenfassend bzw. vereinfachend von den „ICAAP Vorgaben der MaRisk" gesprochen, wenn Bezug auf die in den MaRisk eingeflossenen Vorgaben von Basel II zum ICAAP bzw. zur Verwendung ökonomischer RTF-Konzepte genommen wird.

Die rechtliche Verpflichtung zur Umsetzung und Einhaltung der Vorgaben resultiert für die deutschen Kreditinstitute letztlich aus § 25a Absatz 1 KWG,[56] wonach Kreditinstitute gehalten sind, Verfahren zur Ermittlung und Sicherstellung der Risikotragfähigkeit sowie zur Steuerung ihrer Risiken einzurichten. Diese zunächst recht pauschale Anforderung wird durch die Bestimmungen der MaRisk konkretisiert.[57] Sie benennen schließlich drei wesentliche Aspekte, die bei der Verwendung ökonomischer RTF-Konzepte zu beachten sind:

- **Anforderungen an die Risikotragfähigkeitsbetrachtung**
  Die MaRisk konkretisieren den Begriff des RTF-Konzepts bzw. der ökonomischen Risikotragfähigkeitsbetrachtung dahingehend, dass Institute auf der Grundlage ihres individuellen Risikoprofils sicherzustellen haben, dass alle für sie wesentlichen Risiken (zumindest aber Kreditrisiken, Marktpreisrisiken, operationelle Risiken und

---

[53] Vgl. zu dem gesamten Abschnitt: Meusel (2006), S. 55-56.
[54] Vgl. Bundesanstalt für Finanzdienstleistungsaufsicht (2010).
[55] Auf eine vollständige Darstellung und Erläuterung der MaRisk wird an dieser Stelle verzichtet, weil letztlich nur bestimmte Teile für die Verwendung ökonomischer
Kapitalmodelle im Rahmen des ICAAP relevant sind. Eine umfassendere
Auseinandersetzung mit den MaRisk bietet das „Handbuch MaRisk". Siehe:
Becker / Gruber / Wohlert (2006).
[56] Vgl. Kreditwesengesetz (2011).
[57] Vgl. Deutsche Bundesbank (2007), S. 58.

Liquiditätsrisiken[58]) stets durch ein ausreichend hohes RDP, unter Berücksichtigung von Konzentrationen, abgedeckt sind. Um die Angemessenheit eines RTF-Konzepts sicherzustellen, können die Institute unterschiedliche, nicht weiter definierte interne Prozesse und Verfahren verwenden.[59] Die grundsätzliche Methodenfreiheit endet erst dann, wenn die verwendeten Methoden und Prozesse die Sicherstellung einer jederzeitigen Risikotragfähigkeit nicht gewährleisten können.[60]

- **Anforderungen an das Risikomanagement**
  Die MaRisk unterstreichen die zentrale Bedeutung der RTF-Konzepte dadurch, dass sie einerseits ausdrücklich auf die Gesamtverantwortung der Geschäftsleitung hinweisen[61] und andererseits ihre Einbindung in die übergeordnete, gesamtbankbezogene Risikostrategie fordern.[62] Darüber hinaus beinhalten die MaRisk Vorgaben für einen permanenten Risikosteuerungs- und Controllingprozess,[63] der die tatsächliche Verwendung bzw. Anwendung des RTF-Konzeptes durch die stetige Abfolge von: Identifizierung, Beurteilung, Steuerung sowie Überwachung und Kommunikation aller wesentlichen Risiken und eventueller Risikokonzentrationen sicherstellen soll.[64] Weiterhin sollen auch alle nicht als wesentlich definierten Risiken zumindest angemessen in diesem übergreifenden Risikomanagementprozess berücksichtigt werden.[65]

- **Anforderungen zur Einbeziehung von Stress-Tests**
  Um eine hinreichende Solidität der internen RTF-Konzepte sicherzustellen, beinhalten die MaRisk ergänzende Anforderungen zur regelmäßigen (mindestens jährlichen) Durchführung und Einbeziehung von sogenannten Stress-Tests in allen Risikobereichen des RTF-Konzepts. Dazu sind allgemein zunächst die wesentlichen Risikofaktoren für die im RTF-Konzept betrachteten Risiken auf Gesamtbankebene zu identifizie-

---

[58] Obwohl das Liquiditätsrisiko gemäß den MaRisk zu den grundsätzlich als wesentlich anzusehenden Risiken zählt, wird es von vielen Banken noch nicht im ökonomischen RTF-Konzept berücksichtigt, weil ein zusätzlicher Kapitalpuffer in der Praxis keinen kurzfristigen Liquiditätsengpass zu lindern vermag. Diese Tatsache wird seitens der Bankenaufsicht akzeptiert. Gleichwohl versuchen einige größere Institute zumindest eine Komponente des Liquiditätsrisikos, nämlich das Refinanzierungsrisiko (das Risiko, dass sich die Refinanzierungskosten plötzlich und unerwartet erhöhen) in ihre ökonomische Kapitalbetrachtung zu integrieren. Abhängig von der Größe der Institute und der Komplexität ihrer Geschäfte wird dies dann auch regulatorisch erwartet.
Vgl. Deutsche Bundesbank (2007), S. 62.
[59] Vgl. Bundesanstalt für Finanzdienstleistungsaufsicht (2010), AT 4.1.
[60] Vgl. Bundesanstalt für Finanzdienstleistungsaufsicht (2011b), S. 2.
[61] Vgl. Bundesanstalt für Finanzdienstleistungsaufsicht (2010), AT 3.
[62] Vgl. Bundesanstalt für Finanzdienstleistungsaufsicht (2010), AT 4.2.
[63] Vgl. Bundesanstalt für Finanzdienstleistungsaufsicht (2010), AT 4.3.2.
[64] Vgl. Akademie Deutscher Genossenschaften ADG e.V. (2011).
[65] Vgl. Rehbein / Wohlert (2010), S. 30.

ren. Dabei sind Risikokonzentrationen und Diversifikationseffekte innerhalb und zwischen den Risikoarten besonders zu berücksichtigen. Im nächsten Schritt geht es dann jeweils darum, die Auswirkungen von besonders außergewöhnlichen aber dennoch möglichen Ereignissen auf die ermittelten Risikofaktoren abzuschätzen und daraus letztlich die potentiellen Auswirkungen auf die Risikotragfähigkeit eines Instituts insgesamt abzuleiten. Die potentiellen Auswirkungen eines schweren konjunkturellen Abschwungs sollen dabei eine besondere Berücksichtigung finden.[66] Bei der Auswahl der zu analysierenden Stress-Szenarien sollen weiterhin sowohl die jeweilige strategische Ausrichtung, als auch das wirtschaftliche Umfeld der Institute mit berücksichtigt werden. Darüber hinaus wird auch die Durchführung sogenannter „inverser Stress-Tests" gefordert.[67] Dabei ist quasi "rückwärts" zu analysieren, welche Ereignisse und Szenarien einen Maximalverlust auslösen könnten.[68] Auch die Ausgestaltung und Durchführung dieser Stress-Tests ist wiederum von der Art, dem Umfang, der Komplexität und dem Risikogehalt der Geschäftsaktivitäten der Institute abhängig zu machen und kann sowohl qualitativ als auch quantitativ erfolgen. Die Ergebnisse der regelmäßigen Stress-Tests sollen jeweils kritisch reflektiert und bei der Beurteilung der Risikotragfähigkeit angemessen gewürdigt werden.[69]

Die nachfolgende Abbildung verdeutlicht die Einbettung des ICAAP bzw. der für ökonomische RTF-Konzepte geltenden Vorgaben in den regulatorischen Gesamtrahmen der MaRisk.

---

[66] Vgl. Bundesanstalt für Finanzdienstleistungsaufsicht (2010), AT 4.3.3.
[67] Vgl. Seifert / Jürgens (2011), S. 18-19.
[68] Vgl. Hirschmann (2010a), S. 1.
[69] Vgl. Drüen / Florin (2010), S. 1 *und*
Bundesanstalt für Finanzdienstleistungsaufsicht (2010), AT 4.3.3.

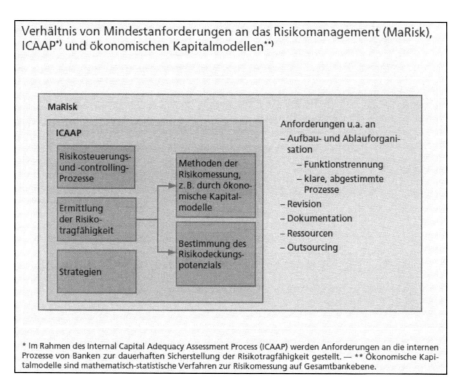

Abb. 4: Einbettung ökonomischer Risikotragfähigkeitskonzepte in den regulatorischen Gesamtrahmen der MaRisk[70]

Ergänzend sei an dieser Stelle angemerkt, dass die Umsetzung der in 2010 und 2011 veröffentlichten Überarbeitung und Erweiterung der bankaufsicht-lichen Empfehlungen des BCBS, die allgemein als Basel III[71] bekannt sind, keinen Einfluss auf die zentralen Vorgaben zum ICAAP bzw. zur Verwendung ökonomischer RTF-Konzepte haben. Die Regelungen von Basel III zielen vielmehr auf eine Erhöhung und eine qualitative Verbesserung der regulatorischen Eigenmittelanforderungen nach Säule 1 von Basel II und eine Überarbeitung der bisherigen Liquiditätsanforderungen ab.[72]

---

[70] Vgl. Deutsche Bundesbank (2007), S. 60.
[71] Vgl. Basel Committee on Banking Supervision (2010) und
Basel Committee on Banking Supervision (2011).
Für Informationen zu Umsetzung von Basel III siehe: Deutsche Bundesbank (2011a).
[72] Vgl. Ernst & Young GmbH (2011), S. 6-17.

3 Darstellung von Funktionsweise und Bestandteilen ökonomischer Risikotragfähigkeitskonzepte in Banken

3.1 Grundlagen ökonomischer Risikotragfähigkeitskonzepte

3.1.1 Allgemeiner Aufbau und Funktionsweise ökonomischer Risikotragfähigkeitskonzepte

Ökonomische RTF-Konzepte stellen grundsätzlich eine systematische Gegenüberstellung der auf einen bestimmten Zeitpunkt oder einen bestimmten Zeitraum bezogenen Gesamtheit aller (Verlust-) Risiken (in diesem Zusammenhang als „ökonomisches Kapital" bezeichnet) und der Gesamtheit aller zur Abdeckung dieser Risiken verfügbaren bzw. bereitgestellten Verlustpuffer (in diesem Zusammenhang als „Risikodeckungspotential" bzw. „RDP" bezeichnet) dar. Dabei ist es erforderlich, dass sich der für das ökonomische Kapital und das RDP gewählte Betrachtungszeitpunkt bzw. Betrachtungshorizont entsprechen[73] und das RDP stets größer als das Gesamtrisiko bzw. das ökonomische Kapital bleibt.[74] Die nachstehende Abbildung verdeutlicht dieses Grundprinzip.

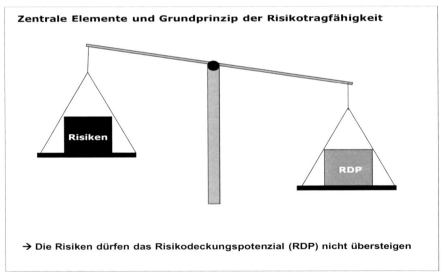

Abb. 5: Zentrale Elemente und Grundprinzip ökonomischer Risikotragfähigkeitskonzepte[75]

---
[73] Deutsche Bundesbank (2007), S. 59.
[74] Vgl. Gössi / Hortmann (2007), S. 551.
[75] Vgl. Denter (2007), S. 104.

Sowohl das ökonomische Kapital, als auch das RDP bestehen wiederum aus einzelnen Komponenten, die im Verlauf des Buches noch näher beleuchtet werden.[76] Speziell bei der Aggregation der Risikokomponenten zum ökonomischen Kapital müssen dabei eventuelle Wechselwirkungen zwischen den (Einzel-) Risiken explizit berücksichtigt werden.[77] Weder die genaue Zusammensetzung, noch die Art und Weise der Bestimmung von RDP, Einzelrisiken und ökonomischem Kapital sind dabei jedoch allgemein definiert oder regulatorisch vorgegeben. Seitens der Bankenaufsicht wird lediglich gefordert, dass sich Art, Umfang und Komplexität der eingesetzten Verfahren und Modelle an Art, Umfang und Komplexität der jeweiligen Geschäftsaktivitäten der Institute orientieren sollen.[78] Darüber hinaus werden zumindest das Kreditrisiko, das Marktpreisrisiko, das operationelle Risiko und das Liquiditätsrisiko als für alle Institute wesentlich angesehen. Diese Risikoarten sollen deshalb aus regulatorischer Sicht auch grundsätzlich von einem RTF-Konzept erfasst werden.[79] Sofern eine oder mehrere dieser Risikoarten[80] von einem Institut nicht als wesentlich erachtet werden oder sonstige Risiken, wie etwa das Geschäfts- oder das Reputationsrisiko, zwar als wesentlich erachtet aber dennoch nicht in das ökonomische RTF-Konzept integriert werden sollen, müssen die Institute der Bankenaufsicht die Gründe für die Nichteinbeziehung ausführlich darlegen. Die entsprechenden Risiken müssen dann zwar nicht in das ökonomische RTF-Konzept integriert aber dennoch angemessen im allgemeinen Risikosteuerungs- und Controlling-Prozess eines Instituts berücksichtigt werden.[81]

Zur dauerhaften Sicherstellung der Risikotragfähigkeit ist es insgesamt erforderlich die systematische Gegenüberstellung von ökonomischem Kapital und RDP in einen kontinuierlichen Risikomanagementprozess einzubetten.[82] Das nachfolgende Schaubild stellt die Grundstruktur eines entsprechenden ICAAP-Prozesses dar.

---

[76] Vgl. Smithson (2008), S. 35.
[77] Vgl. Deutsche Bundesbank (2007), S. 58.
[78] Vgl. Deutsche Bundesbank (2007), S. 59.
[79] Vgl. Bundesanstalt für Finanzdienstleistungsaufsicht (2010), AT 2.2.
[80] Viele Institute beziehen etwa das Liquiditätsrisiko nicht mit in ihre ökonomische Kapitalberechnung ein, weil eine zusätzliche Kapitalrücklage nach Einschätzung vieler Banken zumindest nicht das Risiko eines kurzfristigen Liquiditätsengpasses zu lindern vermag. Vgl. Zeranski / Geiersbach / Walter (2008), S. 420.
[81] Vgl. Deutsche Bundesbank (2007), S. 59.
[82] Vgl. Oesterreichische Nationalbank (2006), S. 68-70.

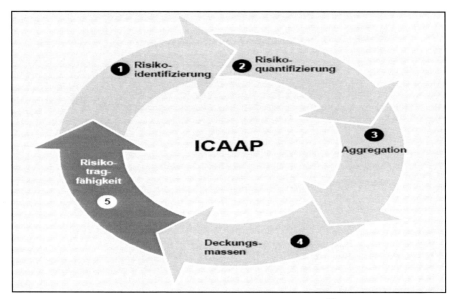

Abb. 6: Prozess zur Sicherstellung der Risikotragfähigkeit (ICAAP) [83]

Das Buch geht im weiteren Verlauf nicht näher auf die prozessualen Aspekte des ICAAP und die an den entsprechenden Risikomanagement-Prozess gestellten regulatorischen Anforderungen bzw. seine Ausgestaltungsmöglichkeiten ein, sondern widmet sich ausschließlich der Darstellung und der kritischen Analyse der zentralen Komponenten ökonomischer RTF-Konzepte.

Weitergehende Informationen zu den prozessualen und strategischen Risikomanagementaspekten ökonomischer RTF-Konzepte bzw. des ICAAP finden sich jedoch in folgenden Quellen:
- Fette / Boße (2006).
- Gruber / Hümmer (2006).
- Oesterreichische Nationalbank (2006).
- Hortmann / Seide (2006).
- Gehrmann / Kaufmann (2006).
- Theiler (2006).

---

[83] Vgl. Oschischnig / Steiger (2006), S. 29.

3.1.2 Definition des ökonomischen Kapitals und Abgrenzung zum regulatorischen Kapital

Das ökonomische Kapital lässt sich allgemein als das auf einen bestimmten Zeitpunkt oder Zeithorizont [84] bezogene Gesamtergebnis der Risikoquantifizierung aller für ein Institut wesentlichen Risiken, unter Berücksichtigung ggf. bestehender Korrelationseffekte zwischen den Einzelrisiken, definieren.[85] Aus einer etwas anderen Perspektive lässt sich das ökonomische Kapital auch als der Betrag an Risikodeckungsmitteln bzw. RDP interpretieren, der notwendig ist, um die potentiellen Verluste eines Instituts mit einer vorgegebenen bzw. vom Institut gewählten Wahrscheinlichkeit (Konfidenz-niveau), auffangen zu können.[86] Insbesondere bei kapitalmarktorientierten Instituten leitet sich das dabei verwendete Konfidenzniveau meist aus dem vom Institut angestrebten Ziel-Rating einer externen Ratingagentur ab.[87] Strebt ein Institut beispielsweise ein „AA-Rating" einer externen Ratingagentur an, so wählt es für sein ökonomisches Kapitalmodell ein Konfidenzniveau von z. B. 99,97 %, welches mit der definierten Ausfallwahrscheinlichkeit eines „AA-Schuldners" von 0,03 % korrespondiert.[88] Im Gegensatz zum regulatorischen Kapital bzw. zum regulatorischen Kapitalbedarf sind die Institute jedoch in Bezug auf die einzubeziehenden Risiken[89] und die zur Bestimmung der Höhe der Risiken verwendeten Methoden und Modelle weitgehend frei.

Bei einem Vergleich der regulatorischen und der ökonomischen Risikoermittlung bzw. Kapitalanforderungen für die jeweils gleiche Risikoart ergeben sich Quantifizierungsdifferenzen hauptsächlich aus

- Unterschieden in den verwendeten Quantifizierungsmodellen und
- Unterschieden in den verwendeten Parameterannahmen (z. B. Betrachtungszeiträume, Konfidenzniveau, etc.).[90]

---

[84] Meist wird in ökonomischen Kapitalmodellen ein Zeithorizont von einem Jahr (genauer 250 Geschäftstage) zu Grunde gelegt. Vgl. Schulte-Mattler / Gaumert (2008), S. 35.
[85] Vgl. Deutsche Bundesbank (2007), S. 59.
[86] Vgl. Schulte-Mattler / Gaumert (2008), S. 28 und 35.
[87] Das angestrebte Ziel-Rating einer externen Ratingagentur lässt sich in eine bestimmte Ausfall- bzw. Insolvenzwahrscheinlichkeit (PD) des Instituts, üblicherweise bezogen auf einen Zeithorizont von einem Jahr, übersetzen. Das korrespondierendes Konfidenzniveau (K) entspräche dann: K = 100 % - PD. Vgl. Gehrmann / Kaufmann (2006), S. 337.
[88] Vgl. Schulte-Mattler / Gaumert (2008), S. 35.
[89] Das Kreditrisiko, das Marktpreisrisiko, das operationelle Risiko und das Liquiditätsrisiko werden jedoch zunächst grundsätzlich für alle Kreditinstitute als wesentlich angesehen und sollen deshalb in die ökonomische Kapitalberechnung einbezogen werden.
Vgl. Bundesanstalt für Finanzdienstleistungsaufsicht (2010), AT 2.2.
[90] Vgl. Gehrmann / Kaufmann (2006), S. 337.

Nachfolgend sind die wesentlichen Unterschiede zwischen ökonomischer und regulatorischer Risiko(kapital)bestimmung (nach Basel II), für die wichtigsten Risikoarten dargestellt:

Marktrisiko

Zur Ermittlung der regulatorischen Kapitalanforderung[91] können die Institute entweder ein regulatorisch vorgegebenes Standardverfahren oder ein internes Modell verwenden, welches aber von der Aufsicht zugelassen werden muss.[92] Trotz der Möglichkeit interne Modelle zu nutzen, verbleiben im Vergleich zu den Verfahren der ökonomischen Risiko- bzw. Kapitalbedarfsermittlung häufig Unterschiede in Bezug auf das jeweils verwendete Konfidenzniveaus (aufsichtlich sind 99 % vorgegeben[93]) und die im Rahmen der VaR[94]-Modelle unterstellten Haltedauern (aufsichtlich sind 10 Handelstage vorgegeben[95]). Darüber hinaus erfolgt in der regulatorischen Kapitalberechnung eine Multiplikation mit einem regulatorisch vorgegebenen Faktor für das allgemeine und das spezielle Marktrisiko. In ökonomischen Kapitalmodellen kann die Risikoermittlung unmittelbar aus einem internen Modell (ohne die Berücksichtigung ergänzender Faktoren) erfolgen. Weiterhin finden die Zinsänderungsrisiken des Bankbuchs im regulatorischen Kapital bislang keine Berücksichtigung. In vielen ökonomischen Kapitalmodellen für das Marktrisiko werden diese aber berücksichtigt.[96]

Kreditrisiko

Im Bereich des Kreditrisikos können die Banken noch keine internen Kreditrisikomodelle verwenden. Stattdessen müssen sie die regulatorische Kapitalanforderung[97] entweder nach dem regulatorischen Standardverfahren oder nach regulatorisch zugelassenen, auf internen Ratings basierenden Verfahren (IRBA-Verfahren) ermitteln. Im Gegensatz zu ökonomischen Kreditrisikomodellen berücksichtigen diese Verfahren aber keine ggf. im Kreditportfolio vorhandenen Korrelationseffekte und geben gleichzeitig ein fixes Konfidenzniveau von 99,9 %[98] vor. Darüber hinaus müssen in die regulatorische Kapitalberechnung auch erwartete Verluste mit einbezogen werden, obwohl sie ökonomisch kein Risiko darstellen.[99]

---

[91] Kapitalanforderung zur Abdeckung von Risiken nach Säule 1 von Basel II.
[92] Vgl. Wolff (2008), 1-2.
[93] Vgl. Deutsche Bundesbank (2007), S. 60.
[94] VaR = Value-at-Risk. Siehe dazu auch Abschnitt 3.3.4.
[95] Vgl. Deutsche Bundesbank (2007), S. 64.
[96] Vgl. Gehrmann / Kaufmann (2006), S. 337-338.
[97] Kapitalanforderung nach Säule 1 von Basel II.
[98] Vgl. Deutsche Bundesbank (2007), S. 60.
[99] Vgl. Gehrmann / Kaufmann (2006), S. 338-339.

Operationelles Risiko

Analog zum Marktrisiko können die Institute zur Ermittlung der regulatorischen Kapitalanforderung [100] entweder zwischen zwei regulatorisch vorgegebenen Verfahren (Basisindikatoransatz oder Standardansatz) wählen oder ein internes Modell (AMA[101]-Modell) verwenden, welches aber auch von der Aufsicht zugelassen werden muss.[102] Auch hier entstehen insbesondere aus den fixen regulatorischen Vorgaben zum Beobachtungshorizont (1 Jahr[103]) und zum Konfidenzniveau (99,9 %[104]) regelmäßig Unterschiede zur Risikoberechnung im ökonomischen Kapitalmodell.[105]

Liquiditätsrisiko

Liquiditätsrisiken werden bislang nicht in die regulatorische Kapitalberechnung einbezogen.[106] Im Rahmen von ökonomischen Kapitalmodellen existieren aber zumindest erste Ansätze, um mit dem Liquidity-Value-at-Risk mögliche Verlustrisiken aus unerwartet hohen Refinanzierungskosten zu quantifizieren.[107]

Darüber hinaus können in ökonomischen Kapitalmodellen weitere Risiken berücksichtigt oder hinsichtlich ihrer untereinander bestehenden Korrelationen gewürdigt werden, die in der regulatorischen Kapitalberechnung nicht erfasst werden.[108]

3.1.3 Definition des Risikodeckungspotentials

In der Fachliteratur wird der Begriff des "Risikodeckungspotentials" nicht einheitlich verwendet. Teilweise finden sich auch die Begriffe „Risikodeckungsmasse"[109] oder „Risikotragfähigkeitspotential"[110].

Ebenso wie für das ökonomische Kapital findet sich auch für das RDP keine einheitliche oder gar abschließende Beschreibung. Die verwendeten Definitionen unterscheiden sich hauptsäch-

---

[100] Kapitalanforderung nach Säule 1 von Basel II.
[101] AMA = Advanced Measurement Approach.
[102] Vgl. Boos / Schulte-Mattler (2001), S. 549-552.
[103] Vgl. Deutsche Bundesbank (2009), S. 73.
[104] Vgl. Deutsche Bundesbank (2007), S. 60.
[105] Vgl. Gehrmann / Kaufmann (2006), S. 339-340.
[106] Vgl. Gehrmann / Kaufmann (2006), S. 338.
[107] Vgl. Zeranski (2011), S. 16.
[108] Vgl. Gehrmann / Kaufmann (2006), S. 340.
[109] Vgl. Schierenbeck / Lister / Kirmße (2008), S. 23.
[110] Vgl. Hellstern (2009), S. 31.

lich in der Art der Komponenten, die dem RDP jeweils zugerechnet werden.[111] Darauf gehen die Abschnitte 3.2.1 und 3.2.2 näher ein. Den somit im Detail jeweils leicht unterschiedlichen Definitionen ist dennoch gemeinsam, dass sie das RDP stets als eine gesamtbankbezogene, monetäre Größe darstellen, die zur Abdeckung von (Verlust-) Risiken eingesetzt werden kann.[112] Dabei ist zu beachten, dass im Bereich von RTF-Konzepten meist zwischen dem insgesamt verfügbaren RDP und dem zur Abdeckung von Risiken (entsprechend der individuellen Risikoneigung der Bank[113]) tatsächlich eingesetzten RDP unterschieden wird. Das nachstehende Schaubild verdeutlicht diesen Zusammenhang.

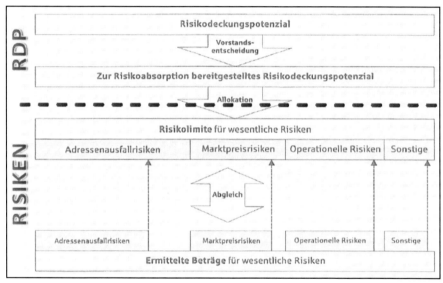

Abb. 7: Vom gesamten zum verwendeten Risikodeckungspotential[114]

Im Rahmen dieses Buches ist unter dem RDP stets das insgesamt bzw. maximal verfügbare RDP zu verstehen, sofern nicht explizit etwas anderes beschrieben wird.

Die grundsätzliche Zielsetzung bei der Bestimmung des RDP ist es, eine zum jeweiligen Betrachtungszeitpunkt bzw. Betrachtungshorizont fixe Maximalgröße zu bestimmen, die zur Begrenzung und zur Steuerung des individuell definierten Gesamtbankrisikos bzw. des ökonomischen Kapitals oder zu einer daraus abgeleiteten Begrenzung und Steuerung von

---

[111] Vgl. Deutsche Bundesbank (2007), S. 59-62.
[112] Vgl. Denter (2007), S. 105.
[113] Vgl. Zeilbeck (2007), S. 41-42.
[114] Vgl. Denter (2007), S. 106.

bankbetrieblichen Einzelrisiken eingesetzt werden kann.[115] Dabei ist es essentiell, dass die zur Bestimmung des RDP verwendeten Methoden, Komponenten und auch der Betrachtungszeitpunkt bzw. der gewählte Betrachtungshorizont stets mit den Methoden, Komponenten und dem zur Ermittlung des ökonomischen Kapitals verwendeten Betrachtungshorizont korrespondieren. Beispielsweise wäre es nicht sinnvoll einen (bar-)wertorientierten und auf zehn Geschäftstage bezogenen Risikobetrag mit einem an periodischen Bilanz- und GuV-Größen orientierten und auf ein Geschäftsjahr bezogenen RDP zu vergleichen und umgekehrt.[116]

3.1.4 Going-Concern- versus Gone-Concern-Ansätze

Die heute verwendeten ökonomischen RTF-Konzepte lassen sich grundsätzlich nach der ihnen zu Grunde liegenden Sichtweise bzw. dem letztlich vom Bankmanagement verfolgten Absicherungsziel in „Going-Concern-Ansätze" (Prinzip der Unternehmensfortführung) und „Gone-Concern-Ansätze" bzw. „Liquidations-Ansätze" (Inkaufnahme der Unternehmensliquidation im „Worst Case" Fall) unterscheiden.[117]

Liegt dem RTF-Konzept einem Going-Concern-Ansatz zu Grunde, so bedeutet dies, dass das betreffende Kreditinstitut aus bilanzieller und regulatorischer Sicht selbst dann noch ohne die Aufnahme neuer externer Kapitalmittel fortgeführt werden könnte, wenn das RDP durch eine Realisierung des ermittelten Gesamt- oder Maximalrisikos vollständig aufgezehrt würde.[118] Der Erhalt bzw. der Fortbestand der für die Erfüllung der regulatorischen Mindest-Eigenmittelanforderungen benötigten Kapitalbestandteile bzw. ein bewusster Verzicht auf deren Einbeziehung in das im ökonomischen RTF-Konzept verwendete RDP ist somit als strenge Nebenbedingung für einen Going-Concern-Ansatz anzusehen.[119] Dieser Ansatz wird insbesondere den Interessen der Eigenkapitalgeber einer Bank gerecht.[120]

Dagegen spricht man von einem Gone-Concern- oder Liquidations-Ansatz, wenn ein vollständiger Verbrauch des RDP zu einer Situation führen würde, in der ein Kreditinstitut seinen Geschäftsbetrieb (zumindest aus regulatorischer Sicht) nicht mehr aus eigener Kraft bzw.

---

[115] Vgl. Heuter (2008), S. 6.
[116] Vgl. Kern / Pfeiffer (2011), S. 251.
[117] Vgl. Pfetsch / Poppensieker / Schneider / Serova (2011), S. 15.
[118] Vgl. Bundesanstalt für Finanzdienstleistungsaufsicht (2011b), S. 3.
[119] Vgl. Seuthe (2010), S. 107-109.
[120] Vgl. Deutsche Bundesbank (2007), S. 62.

ohne die externe Zufuhr neuer Eigenmittel aufrechterhalten könnte.[121] Dem RDP können im Rahmen eines Gone-Concern-Ansatzes deshalb deutlich umfangreichere Mittel bzw. Kapitalbestandteile zugerechnet werden als in einem Going-Concern-Ansatz.

Trotz der auf den ersten Blick geringeren Konservativität von Gone-Concern- bzw. Liquidationsansätzen verwenden insbesondere sehr kapitalmarktaktive Institute, die stark vom Urteil externer Ratingagenturen abhängig sind, häufig eine besondere Form des Gone-Concern-Ansatzes, der auch als „Adjusted Common Equity-Ansatz" (ACE) bezeichnet wird. Dabei besteht das im RTF-Konzept angesetzte RDP im Wesentlichen aus dem bilanziellen Eigenkapital, gekürzt um unrealisierte Gewinne aus Wertpapieren und gekürzt um die für das laufende Jahr vorgesehenen Dividendenzahlungen. Das im RTF-Konzept als RDP angesetzte ACE kann somit sogar geringer als das regulatorische Eigenkapital der Institute ausfallen.[122] Gleichwohl vermag ein konsequent angewandter Gone-Concern-Ansatz bestenfalls den Interessen der Fremdkapitalgeber gerecht zu werden. Eigenkapitalgeber und Kunden der Kreditinstitute profitieren letztlich nur von einem langfristigen Fortbestand der Institute.[123]

Als eine mögliche Abgrenzung zwischen beiden Ansätzen kann die jeweils gültige regulatorische Mindest-Eigenmittelanforderung[124] herangezogen werden. Werden in einem Bilanz- und GuV-orientierten RTF-Konzept keine Bestandteile der regulatorischen Eigenmittel oder maximal die aus regulatorischer Sicht freien Eigenmittel[125] in das RDP einbezogen, so handelt es sich um einen Going-Concern-Ansatz.[126] Werden dagegen bewusst Bestandteile der regulatorischen Eigenmittel in das RDP einbezogen, bei deren Verbrauch die geltenden Mindest-Eigenmittelanforderungen nicht mehr eingehalten werden können, oder werden dem RDP bilanzielle Positionen zugerechnet, die per Definition nur im Insolvenz- oder Liquidationsfall zur Verfügung stehen (z. B. nachrangige Verbindlichkeiten oder Haftsummenzuschläge bei Kreditgenossenschaften), so spricht man von einem Gone-Concern- bzw. Liquidationsansatz.[127]

---

[121] Vgl. Deutsche Bundesbank (2010), S. 6.
[122] Vgl. Deutsche Bundesbank (2007), S. 61.
[123] Vgl. Deutsche Bundesbank (2007), S. 62.
[124] In Deutschland ist die Mindest-Eigenmittelanforderung für Kreditinstitute in § 10 KWG und den Regelungen der Solvabilitätsverordnung (SolvV) geregelt.
[125] Freie Eigenmittel = Eigenmittel, die aktuell nicht zur Einhaltung der Mindest-Eigenmittelanforderungen gemäß KWG und SolvV benötigt werden.
[126] Vgl. Deutsche Bundesbank (2010), S. 6.
[127] Vgl. Bundesanstalt für Finanzdienstleistungsaufsicht (2011b), S. 3.

Entsprechend würde man in einem barwertorientierten RTF-Konzept dann von einem Going-Concern-Ansatz sprechen, wenn im RDP nur die Barwerte von Vermögenspositionen berücksichtigt würden, auf die ein Institut im Krisenfall verzichten könnte, ohne seinen Fortbestand aus ökonomischer oder regulatorischer Sicht zu gefährden. Würde hingegen der Gesamt-Barwert eines Instituts als RDP in die Waagschale geworfen, so spräche man auch hier von einem Gone-Concern- bzw. Liquidations-Ansatz.[128]

In der Praxis kann sich die genaue Unterscheidung zwischen einem Going-Concern- und einem Gone-Concern- bzw. Liquidations-Ansatz für ein barwertorientiertes RTF-Konzept jedoch relativ schwierig bzw. aufwendig gestalten. Grund dafür ist, dass die jeweils aktuellen Marktwerte aller bilanziellen und ggf. außerbilanziellen Positionen ermittelt werden müssen, um den Gesamtbankbarwert zu bestimmen. Darüber hinaus ist eine vom Gesamtbarwert ausgehende Going-Concern-Betrachtung aufwendig bzw. mit erheblichen Bewertungsunsicherheiten verbunden, weil dafür zunächst die Barwerte der für regulatorische Zwecke benötigten Kapitalpositionen ermittelt und im Folgenden vom Gesamtbankbarwert abgezogen werden müssten, um das tatsächlich einsetzbare RDP zu erhalten.[129] Ein barwertig ermitteltes RDP wird deshalb in der Praxis fast nur im Rahmen von Liquidations-Ansätzen verwendet.[130] Das nachfolgende Schaubild illustriert die RDP-Ermittlung für einen Going-Concern- und einen Gone-Concern- bzw. Liquidations-Ansatz im Rahmen einer Bilanz- und GuV-orientierten Risikotragfähigkeitsbetrachtung.

---

[128] Vgl. Hager (2008), S. 1.
[129] Vgl. Vgl. Hager (2008), S. 1.
[130] Vgl. Deutsche Bundesbank (2010), S. 6.

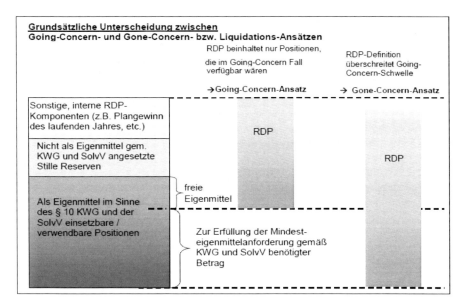

Abb. 8: Going-Concern- und Gone-Concern-Ansätze bei einer Bilanz- und GuV-orientierten Risikotragfähigkeitsbetrachtung

Wird die Einbeziehung der regulatorischen Mindest-Eigenmittelan-forderungen nicht als strenges Unterscheidungskriterium zwischen beiden Ansätzen herangezogen, so gestaltet sich eine eindeutige Unterscheidung der beiden Sichtweisen etwas schwieriger. In diesem Fall besteht die Möglichkeit Going-Concern- und Gone-Concern-Ansätzen an Hand der Qualität und der zeitlichen Verfügbarkeit der jeweils einbezogenen Kapitalkomponenten zu unterscheiden. In einer Going-Concern-Betrachtung würden dann nur Kapitalkomponenten einbezogen, die direkt zur Risikoabdeckung verfügbar sind, wie z. B. das eingezahlte Kapital oder die Rücklagen. In einen Gone-Concern-Ansatz würden dagegen auch Ergänzungs-, Nachrang- oder gar Hybridkapitalbestandteile einbezogen. Darüber hinaus können im Geschäftsjahr erwartete Gewinne und aktive latente Steuern (latente Steueransprüche) bestenfalls in einer Going-Concern-Betrachtung als Risikodeckungsmittel Berücksichtigung finden, während diese in einem Liquidations- bzw. Gone-Concern-Szenario sicherlich nicht (mehr) zur Verfügung stehen dürften.[131]

In der Praxis verwenden viele Institute im Rahmen ihrer RTF-Konzepte eine Kombination aus beiden Sichtweisen, indem Sie quasi einen fließenden Übergang zwischen der Verwendung verschiedener Komponenten des RDP in Abhängigkeit von der Eintrittswahrscheinlichkeit

---

[131] Vgl. Pfetsch / Poppensieker / Schneider / Serova (2011), S. 15-17.

bestimmter Risiko- bzw. Verlustlevel definieren. Dazu werden die möglichen Komponenten des insgesamt verfügbaren bzw. als Verlustpuffer eingesetzten RDP meist in die von Schierenbeck geprägten fünf Stufen unterteilt, die im nachfolgenden Schaubild dargestellt sind.[132]

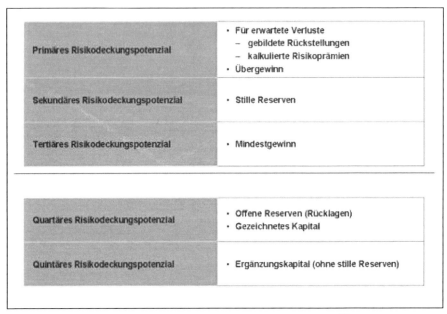

Abb. 9: Fünfstufige Aufteilung des Risikodeckungspotentials in Banken[133]

Die Verwendbarkeit der in den einzelnen Klassen enthaltenen Positionen nimmt vom primären zum quintären RDP wegen ihrer zunehmend negativen Auswirkungen auf die bilanziellen Verhältnisse, die Erfüllung der aufsichtsrechtlichen Mindest-Eigenmittelanforderungen und die Reputation eines Instituts stetig ab. Im Rahmen eines RTF-Konzeptes, das einen Going-Concern-Ansatz verfolgt, werden deshalb üblicherweise nur die Positionen des primären bis tertiären RDP berücksichtigt. Eine Inanspruchnahme von Positionen die dem quartären und quintären RDP zugerechnet werden, würde den Bestand an regulatorischen Mindest-Eigenmitteln gefährden, der in einem Going-Concern-Ansatz stets als strenge Nebenbedingung einzuhalten ist.[134] Im Rahmen des RTF-Konzeptes definieren die Institute, in Abhängigkeit von ihrer individuellen Risikoneigung, die maximalen Wahrscheinlichkeiten, mit denen sie einen Verbrauch der einzelnen RDP-Level akzeptieren. Daraus lassen sich dann

---

[132] Vgl. Schierenbeck / Lister / Kirmße (2008), S. 31-32.
[133] Vgl. Hager (2008), S. 3.
[134] Vgl. Schulte-Mattler / Manns (2010), S. 111.

wiederum entsprechende Limite und Konfidenz-niveaus für einzelne Risikoarten oder – bereiche ableiten bzw. definieren. In der Theorie wird es dadurch möglich, das Eintreten einer Verlustsituation, in der beispielsweise der Verzehr der quartären oder sogar der quintären RDP-Bestandteile notwendig ist, z. B. auf einmal in 500 Jahren (Konfidenzniveau von 99,98 % bei einem Prognosehorizont von einem Jahr bzw. 250 Geschäftstagen) zu begrenzen. Die nachfolgende Abbildung verdeutlicht diesen Zusammenhang.[135]

Scenario		Confidence interval[1] (time horizon)	Trigger	Typical economic-coverage capital
Going concern	Early warning	80% (30/250 days)	• Profit warning and negative publicity	• Budget results • Hidden reserves (eg, fair-value reserves, shortfall vs expected loss)
			• Net loss in current period, failure to pay dividends, deferred to preferred dividends and potential rating downgrade	• P&L of the current period • Accounting reserves (eg, deferred tax assets, goodwill and other intangibles, CFH[2] reserve)
	Severe stress	95% (30/250 days)	• Net balance-sheet loss and consumption of subscribed capital (eg, conversion of cumulative preferred shares)	• Retained earnings • Capital reserves and other reserves • Other Tier 1 capital components
			• Insolvency due to excess of debt over assets	• Subscribed capital and other paid-in capital • Other core Tier 1 capital components • Contingent convertibles[3]
Gone concern	Liquidation	99.98% (250 days)	• Failure to pay back debt (creditor protection)	• Hybrid capital and subordinated debt • Other Tier 2 capital components
		100% (250 days)	• –	• Debt

1 Probability that scenario does not occur within a time horizon of one year (250 business days); some risk types (especially market risk) are generally analyzed for shorter periods.
2 Cash-flow hedge.
3 Depending on trigger criteria.

Abb. 10: Konfidenzniveauabhängige Einbeziehung des Risikodeckungspotentials[136]

Problematisch ist bei dieser Abschätzung allerdings, dass sie nur unter den Voraussetzungen gilt, dass

- alle Einzelrisiken eines Instituts richtig erfasst und prognostiziert wurden,
- alle zwischen den Einzelrisiken ggf. bestehenden Korrelationen richtig ermittelt und berücksichtigt wurden und

---

[135] Vgl. Pfetsch / Poppensieker / Schneider / Serova (2011), S. 15-17.
[136] Vgl. Pfetsch / Poppensieker / Schneider / Serova (2011), S. 16.

- alle möglicherweise auftretenden Zukunftsszenarien richtig prognostiziert und berücksichtigt wurden.

Selbst unter der Annahme, dass all diese Voraussetzungen erfüllbar wären, verbliebe darüber hinaus immer noch die mit statistischen Mitteln nicht eliminierbare Ungewissheit, ob sich ein betreffende Kreditinstitut gerade im Jahr „1" oder eventuell bereits im Jahr „499" der Prognose befindet.

3.2 Möglichkeiten zur Bestimmung des Risikodeckungspotentials

3.2.1 Bilanz- und GuV-orientierte Ermittlung des Risikodeckungspotentials

Für die Bestimmung des RDP lassen sich grundsätzlich zwei methodische Ansätze unterscheiden, wobei insbesondere die Art und die damit verbundene Bewertungsmethodik der dem RDP jeweils zugerechneten Bestandteile differieren. Zu nennen ist hier einerseits die barwertorientierte Ermittlung des RDP, die in Abschnitt 3.2.2 näher erläutert wird. Dem gegenüber steht die periodische bzw. Bilanz- und GuV-orientierte Ermittlung des RDP, unter die letztlich auch die Ermittlung des regulatorischen Eigenkapitals subsumiert werden kann, weil sich die darin einzubeziehenden Komponenten ebenfalls aus Größen der externen Rechnungslegung[137] ableiten. Im Gegensatz zu der ökonomischen bzw. institutsindividuellen Bestimmung des RDP sind die möglichen Komponenten der regulatorischen Eigenmittel jedoch durch entsprechende Bestimmungen des KWG (in Verbindung mit der SolvV[138]) fest vorgegeben.[139] Auf eine genaue Darstellung der Ermittlung der regulatorischen Eigenmittel wird an dieser Stelle verzichtet. Nähere Erläuterungen zu den regulatorischen Eigenmittelanforderungen und den Komponenten der regulatorischen Eigenmittel finden sich jedoch in folgenden Quellen:

- Bieg / Krämer / Waschbusch (2009).
- Kreditwesengesetz (2011), § 10.
- Solvabilitätsverordnung (2010).

---

[137] Rechnungslegung meint hier: Rechnungslegungsvorschriften nach HGB bzw. bei großen kapitalmarktorientierten Konzern-Instituten Rechnungslegung noch IAS/IFRS.
[138] Zur regulatorischen Definition und Ermittlung der Eigenmittel siehe § 10 ff. KWG in Verbindung mit den Vorschriften der SolvV.
[139] Vgl. Hellstern (2009), S.31.

Die nachfolgende Abbildung stellt die unterschiedlichen Definitions- und Betrachtungsmöglichkeiten des RDP im Überblick dar.

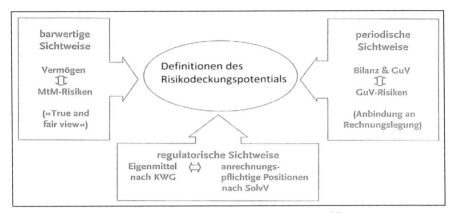

Abb. 11: Möglichkeiten zur Definition des Risikodeckungspotentials[140]

Für die Bilanz- und GuV-orientierte Ermittlung des RDP werden die bilanziellen Kapitalpositionen im weitesten Sinne und bei einer Going-Concern-Betrachtung ggf. auch die als sicher angesehenen, erwarteten Nettogewinne des Geschäftsjahres verwendet.[141] Die folgenden Positionen dienen dabei häufig als additive Bestandteile, wobei die genaue Zusammensetzung einerseits von dem angestrebten Umfang[142] des RDP und andererseits von der jeweiligen geschäfts- und risikopolitischen Entscheidung des Vorstandes abhängig ist:[143]

- **Rückstellungen** (für erwartete Verluste gebildete Rückstellungen)
- **Standardrisikokosten** (für erwartete Verluste kalkulierte Risikoprämien)
- **Übergewinn** (über dem geplanten Mindest-Betriebsergebnis nach Bewertung verbleibender Gewinn)
- **Mindestgewinn** (geplantes Mindest-Betriebsergebnis nach Bewertung)
- **Stille Reserven**, bestehend aus
  - Vorsorgereserven nach § 340f HGB
  - sonstige, unversteuerte Reserven
- **Offene Reserven**, insbesondere Fonds für allgemeine Bankrisiken gem. § 340g HGB

---

[140] Vgl. Hellstern (2009), S.31.
[141] App (2006), S. 9.
[142] Going-Concern- oder Liquidationsansatz, vgl. Abschnitt 3.1.4 dieses Buches.
[143] Vgl. Schulte-Mattler / Manns (2010), S. 110.

- **Rücklagen**, bestehend aus
  - Gewinnrücklagen
  - Kapitalrücklagen
- **Gezeichnetes Kapital**
- **Ergänzungskapital**, insbesondere
  - nachrangige Verbindlichkeiten
  - Genussrechtskapital [144]

Bei der jeweiligen institutsindividuellen Definition des gesamten bzw. des als Verlustpuffer tatsächlich eingesetzten RDP wird meist die von Schierenbeck geprägte, 5-stufige Unterteilung des RDP[145] verwendet, die bereits in Abschnitt 3.1.4 dargestellt wurde.

3.2.2 Barwertorientierte Bestimmung des Risikodeckungspotentials

Im Rahmen einer barwertigen Ermittlung des RDP geht es im Kern darum, den Nettobarwert einer Bank zu bestimmen.[146] Ist dieser positiv, so verfügt die Bank unter Berücksichtigung der aktuellen Marktgegebenheiten über einen positiven Vermögenswert bzw. stellt nach Abzug aller Verbindlichkeiten selbst einen solchen dar.[147] Dieser positive Vermögensüberhang kann in der Logik des RDP als Verlustpuffer eingesetzt werden. Das RDP bzw. der gesamte Nettobarwert einer Bank setzt sich dabei aus dem Substanzwert (aktuelles Vermögen der Bank, bewertet zu Marktpreisen) und ggf. dem als wahrscheinlich angenommenen Vermögenszuwachs (der sog. Performance) während des aktuellen Geschäftsjahres zusammen, falls eine Going-Concern-Betrachtung der Risikotragfähigkeit gewählt wird.[148] Dabei ist darauf hinzuweisen, dass bei der Ermittlung des Substanzvermögens, welches üblicherweise die maßgebliche Komponente des barwertigen RDP darstellt, nicht nur die aktuelle Periode, sondern die sogenannte Totalperspektive zu berücksichtigen ist.[149] Die nachfolgende Abbildung stellt die Berechnung des barwertigen RDP und die dabei grundsätzlich zu berücksichtigenden Komponenten (und Abzugspositionen) schematisch dar.

---

[144] Vgl. Schulte-Mattler / Manns (2010), S. 112 (bezüglich der aufgeführten Positionen).
[145] Vgl. Schierenbeck / Lister / Kirmße (2008), S. 31-32.
[146] Vgl. Hellstern (2009), S. 33.
[147] Vgl. Bieg / Kußmaul (2000), S. 116-118.
[148] Vgl. Traughber / Cremers (2007), S. 30.
[149] Vgl. Heuter (2008), S. 14.

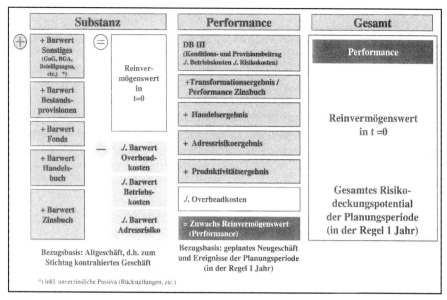

Abb. 12: Schematische Bestimmung eines barwertigen Risikodeckungspotentials[150]

Die Ermittlung des Substanzvermögens bzw. des Nettobarwertes des Eigenkapitals erfolgt dabei grundsätzlich über die Bewertung aller Aktiv- und Passivpositionen einer Bank zu aktuellen Marktwerten, was in der nachstehenden Abbildung angedeutet ist.

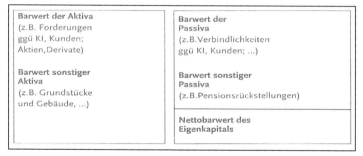

Abb. 13: Schematische Ermittlung des barwertigen Substanzvermögens[151]

Für Bilanzpositionen die über keinen unmittelbaren Markt- oder Börsenpreis verfügen, erfolgt die Bewertung meist mittels Discounted-Cashflow-Methode. Dazu müssen all diese Positionen zunächst in ihre Einzel-Cashflows (Geldbeträge mit Vorzeichen und den entsprechenden

---

[150] Vgl. Hortmann / Seide (2006), S. 317.
[151] Vgl. Hellstern (2009), S. 33.

Fälligkeiten) zerlegt und mit einem jeweils geeigneten Zinssatz diskontiert bzw. bewertet werden.[152] Bei illiquiden Bilanzpositionen, wie z. B. Immobilien, muss ein Marktpreis mit Hilfe von Vergleichswerten geschätzt oder durch sonstige Bewertungsmodelle hergeleitet werden (Model-to-Market-Bewertung).[153] Für Bilanzpositionen ohne vorgegebene Zahlungsströme und/oder ohne eine bekannte Kapitalbindungsdauer, wie z. B. Spareinlagen oder Kontokorrentkredite, die darüber hinaus eine variable Verzinsung aufweisen können, müssen entsprechende Prognosen für einen möglichen Zahlungsstrom getroffen werden. Zur Bestimmung eines Barwertes für das bilanzielle Eigenkapital, das per Definition keine feste Laufzeit aufweist, wird in der Praxis häufig eine sogenannte Ablauffiktion von 25-30 Jahren genutzt. Alternativ wird das bilanzielle Eigenkapital aber auch teilweise in voller Höhe angesetzt. Um den Barwert des Vermögens korrekt zu bestimmen, sind darüber hinaus auch erwartete Verluste angemessen zu berücksichtigen. Dies kann einerseits durch die Verwendung einer risikoadjustierten Zinskurve für die Diskontierung der prognostizierten Zahlungsströme erfolgen.[154] Andererseits können die prognostizierten Cashflows jeweils um die erwarteten Verluste korrigiert und mit einer risikolosen Zinskurve diskontiert werden.[155]

Auch bei der Ermittlung der Performance (Barwertes des als wahrscheinlich angenommenen Vermögenszuwachses während des betrachteten Planungshorizonts[156]) hängt die Bewertung stark von Modellannahmen, insbesondere von den zu Grunde gelegten Diskontierungszinsen ab. Zur konkreten Berechnung müssen zunächst sämtliche Erträge und Aufwendungen in der betrachteten Periode prognostiziert, anschließend z. B. mit Hilfe einer Value-at-Risk-Betrachtung auf das gewünschte Sicherheitsniveau korrigiert und abschließend zu einer als hinreichend sicher angenommenen Gesamt-Performance aufaddiert werden.[157]

In der Praxis ergeben sich bei der barwertigen Ermittlung des RDP regelmäßig folgende Schwierigkeiten:
- Problem der Zerlegung komplexer Geschäfte in einzelne Cashflows
- Definition von Fälligkeiten bei Geschäften und Bilanzpositionen ohne fixe Laufzeiten

---

[152] Vgl. Dannenberg (2009), S. 248.
[153] Vgl. Traughber / Cremers (2007), S. 30.
[154] Vgl. Dannenberg (2009), S. 248-249.
[155] Vgl. Heuter (2008), S. 15.
[156] In der Regel wird die barwertige Risikotragfähigkeit einmal pro Jahr ermittelt. Dementsprechend wird als Planungshorizont auch meist ein Jahr angenommen.
Vgl. Traughber / Cremers (2007), S. 33.
[157] Vgl. Traughber / Cremers (2007), S. 33-34.

- Behandlung des Eigenkapitals hinsichtlich des Diskontierungszinses und der Restlaufzeit
- Wahl der jeweils passenden Diskontierungszinssätze insgesamt
- Stabilität der Ergebnisse im Zeitverlauf, bei sich ändernden Marktparametern (z. B. Änderung der Zinsstrukturkurve, etc.)

Allein schon aus dieser Aufzählung ist ersichtlich, dass die barwertige Ermittlung des RDP im Gegensatz zur periodischen bzw. Bilanz- und GuV-orientierten Ermittlung deutlich stärker von der Wahl geeigneter Modellannahmen abhängig und somit tendenziell fehleranfälliger ist.[158]

Die Anwendung eines Stufenmodells, analog zu dem in Abschnitt 3.1.4 vorgestellten, ist für ein barwertiges RDP auf Grund der dargestellten Bewertungsproblematik aufwändiger. Aus diesem Grund sollte die Verwendung eines barwertig ermittelten RDP in einem RTF-Konzept stets mit besonderer Vorsicht erfolgen.[159] Darüber hinaus ist zu beachten, dass die Höhe eines barwertorientiert ermittelten RDP nicht alleine durch nominale Veränderung einzelner Bilanzpositionen, sondern auch durch sich verändernde Marktparameter (z. B. Veränderung der allgemeinen Zinskurve oder der allgemeinen Marktvolatilität) beeinflusst wird.[160]

3.3 Allgemeine Aspekte der Risikoquantifizierung in ökonomischen Risikotragfähigkeitskonzepten

3.3.1 Allgemeine Definition des Risikobegriffs und der bankgeschäftlichen Risiken

Um im weiteren Verlauf mit den bankspezifischen Risikobegriffen sicher arbeiten zu können ist es erforderlich, den Begriff des Risikos zunächst allgemein zu definieren. In der Literatur findet sich keine einheitliche Risikodefinition. Es lassen sich vielmehr zwei deutlich voneinander abweichende Ansätze zur Definition unterscheiden.

Einerseits ist eine „ursachenbezogene" Definition möglich. Dabei basiert das Risiko einzig auf der Unsicherheit zukünftiger Ereignisse und stellt den jeweiligen Informationsstand des

---

[158] Vgl. Hellstern (2009), S. 33.
[159] Vgl. Hager (2008), S. 3.
[160] Vgl. Heuter (2008), S. 14.

Entscheidungsträgers als Ursache des Risikos in den Vordergrund. Können den Zukunftsereignissen keinerlei objektiven Eintrittswahrscheinlichkeiten zugeordnet werden, so spricht man in der betriebswirtschaftlichen Entscheidungstheorie auch von „Ungewissheit". Ob sich daraus letztlich eine positive oder negative Abweichung der gesteckten Ziele ergibt ist bei diesem Definitionsansatz unerheblich.

Auf der anderen Seite ist eine „wirkbezogene" Definition des Risikos möglich. Dabei wird letztlich die Gefahr ein gestecktes Ziel wegen der Ungewissheit zukünftiger Ereignisse nicht zu erreichen bzw. zu unterschreiten als Risiko angesehen. Weil bei diesem Definitionsansatz die Wahrscheinlichkeit und die negative Auswirkung der zukünftigen Ereignisse miteinander kombiniert werden, spricht man hier auch vom „materiellen" Risikobegriff bzw. vom „Downside-" oder „Shortfall-Risk". Eine potentielle Abweichung nach oben bzw. eine Übererfüllung der gesteckten Ziele wird hier als „Chance" interpretiert und findet keine Berücksichtigung als Risiko.[161]

Sofern im Folgenden nicht explizit etwas anderes beschrieben wird, ist unter einem Risiko stets das letztgenannte, materielle Risiko („Downside-" oder „Shortfall-Risk") zu verstehen. Auch für den Begriff der „bankgeschäftlichen Risiken" existiert in der Literatur keine einheitliche oder gar abschließende Definition. Es finden sich auch hier verschiedene, unterschiedlich umfangreiche bzw. detaillierte Systematisierungsansätze, welche die verschiedenen Arten und das Zusammenspiel der mit dem Bankgeschäft verbundenen Risiken beschreiben. Ein weit verbreiteter Systematisierungsansatz unterscheidet die einzelnen Risiken zunächst nach der Art ihrer Auswirkung in „Erfolgsrisiken" und „Liquiditätsrisiken". Zur Gruppe der Erfolgsrisiken zählen dabei alle Risikoarten, deren Eintritt bei ansonsten gleichen Bedingungen unmittelbar zu einer Gewinnminderung bzw. einer Verlusterhöhung führen. Dagegen wirken sich Liquiditätsrisiken nicht unmittelbar auf die GuV bzw. die Eigenkapitalsituation des Instituts aus, sondern gefährden zunächst primär die Zahlungsfähigkeit des Instituts.

Das nachfolgende Schaubild stellt eine klassische Zuordnung der bankgeschäftlichen Einzelrisiken zu den Erfolgs- und Liquiditätsrisiken sowie ihre Beziehung zueinander dar.

---

[161] Vgl. Ott (2001), S. 7 *und*
Bieg / Krämer / Waschbusch (2009), S. 1.

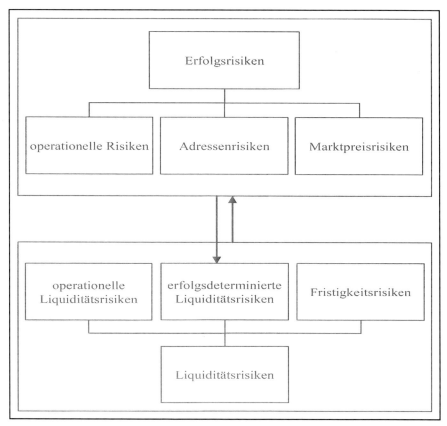

Abb. 14: Erfolgs- und Liquiditätsrisiken einer Bank[162]

Die Abbildung verdeutlicht, dass der Eintritt von Erfolgsrisiken mittelbar auch Auswirkungen auf die Liquiditätssituation eines Instituts haben kann. Diese Art von Liquiditätsrisiko wird deshalb auch als „erfolgsdeterministisch" oder „derivativ" bezeichnet. Umgekehrt können Liquiditätsrisiken aber auch den Erfolg eines Instituts beeinflussen. Wird etwa eine Einlage früher als erwartet abgezogen (Abzugs- bzw. Fristigkeitsrisiko), so entsteht daraus ggf. ein Refinanzierungs- bzw. Zinsrisiko, dass zur Gruppe der Marktpreisrisiken und somit zu den Erfolgsrisiken zählt. Der Vollständigkeit halber sei darüber hinaus erwähnt, dass auch innerhalb der Gruppe der Erfolgsrisiken Interdependenzen zwischen den einzelnen Risikokategorien bestehen können. Insofern können die einzelnen bankgeschäftlichen Risiken niemals

---

[162] Vgl. Bieg / Krämer / Waschbusch (2009), S. 4.

als völlig unabhängig voneinander angesehen werden.[163] Ein Gesamtbetrachtung der wesentlichen bankgeschäftlichen Einzelrisiken unter Berücksichtigung von bestimmten oder zu bestimmenden Interdependenzen bzw. Korrelationen, wie sie von den im weiteren Verlauf des Buches dargestellten RTF-Konzepten genutzt werden, ist insofern offensichtlich sinnvoll und notwendig.

3.3.2 Regulatorisch zu berücksichtigende Risikoarten

Nach dem regulatorischen Verständnis von Basel II, den entsprechenden Vorgaben zum ICAAP sowie den MaRisk sind im Rahmen der Risikotragfähigkeitsbetrachtung „alle wesentlichen Risiken"[164] eines Kreditinstitutes zu identifizieren, zu messen, fortlaufend angemessen mit ökonomischen Eigenmitteln zu unterlegen und so zu steuern, dass die Bank jederzeit in der Lage ist, daraus resultierende unerwartete Verluste ohne schwerwiegende negative Auswirkungen auf ihre Geschäftstätigkeit aus eigener Kraft abdecken zu können.[165] Unabhängig von der institutsindividuellen Identifikation und Definition im Rahmen der internen RTF-Konzepte werden dafür folgende Risiken grundsätzlich als wesentlich und deshalb überwachungs-, steuerungs- und regulierungsbedürftig angesehen:[166]

- **Kreditrisiken** (einschließlich Länderrisiken)
- **Marktpreisrisiken**
- **Operationelle Risiken**
- **Liquiditätsrisiken**[167]

Basel II führt darüber hinaus ergänzend **Zinsänderungsrisiken im Bankbuch** auf. Diese wurden, wie bereits erwähnt, bei der Umsetzung der ICAAP-Regelungen durch die MaRisk zunächst ausgeklammert bzw. mit dem BaFin-Rundschreiben 07/2007 (BA) „Zinsänderungs-

---

[163] Vgl. Bieg / Krämer / Waschbusch (2009), S. 1-5.
[164] Vgl. Bundesanstalt für Finanzdienstleistungsaufsicht (2010), AT 2.2, Nr. 1.
[165] Vgl. Gehrmann (2008), S. 117.
[166] Vgl. Basel Committee on Banking Supervision (2005), S. 164-166 *und*
Bundesanstalt für Finanzdienstleistungsaufsicht (2010), AT 2.2.
[167] Obwohl das Liquiditätsrisiko gemäß Basel II und den MaRisk zu den grundsätzlich als wesentlich anzusehenden Risiken zählt, wird es von vielen Banken bislang nicht im ökonomischen Kapitalmodell berücksichtigt, weil ein zusätzlicher Kapitalpuffer in der Praxis keinen kurzfristigen Liquiditätsengpass zu lindern vermag. Diese Tatsache wird bislang von der Bankenaufsicht akzeptiert. Gleichwohl versuchen einige größere Institute zumindest eine Komponente des Liquiditätsrisikos, nämlich das Refinanzierungsrisiko bzw. das Risiko, dass sich die Refinanzierungskosten plötzlich und unerwartet erhöhen, in ihre ökonomische Kapitalbetrachtung zu integrieren. Abhängig von der Größe der Institute und der Komplexität ihrer Geschäfte wird dies dann auch regulatorisch erwartet. Vgl. Deutsche Bundesbank (2007), S. 62.

risiken im Anlagebuch: Ermittlung der Auswirkungen einer plötzlichen und unerwarteten Zinsänderung" gesondert adressiert.[168] Der Grund für diese vermeintliche Abweichung liegt darin, dass die Baseler Regelungen unter Marktpreisrisiken insbesondere die im Handelsbereich der Banken auftretenden Risiken (z. B. Aktienkursrisiken, Fremdwährungsrisiken, Rohwarenrisiken, etc.) verstehen und das Zinsänderungsrisiko, dem letztlich das gesamte Bankbuch unterliegt, gesondert betrachten.[169] In Deutschland wird das Zinsänderungsrisiko, unabhängig davon ob das Handels- oder das Bankbuch betroffen sind, traditionell dem Bereich der Marktpreisrisiken zugerechnet.[170]

Die nach der regulatorischen Definition als in jedem Fall wesentlich anzusehenden Risikoarten werden nachfolgend kurz beschrieben.

Kreditrisiko
Der Begriff des Kreditrisikos wird in Literatur und Praxis teilweise gleichbedeutend mit dem Begriff des Adressenausfallrisikos verwendet. Dabei beschreibt das Adressenausfallrisiko strenggenommen nur einen bestimmten Teilbereich des Kreditrisikos. Unter dem Adressenausfallrisiko ist klassischerweise zunächst das Risiko zu verstehen, dass eine Gegenpartei den vereinbarten bzw. fälligen Zahlungsverpflichtungen gar nicht oder nur teilweise nachkommt. Der Grund für die Leistungsstörung spielt dabei keine Rolle.[171] Kommt es zur Leistungsstörung, so spricht man vom Ausfall bzw. „Default" der Gegenpartei. Die Wahrscheinlichkeit für den Ausfall einer Forderung (probability of default = PD) hängt dabei von der individuellen Bonität bzw. der Ausfallwahrscheinlichkeit der Gegenpartei ab. Im Bereich der internationalen Geschäfte können sich zusätzlich schuldnerunabhängige Länderrisiken (Gefahr von Zahlungsstörungen in Folge ökonomischer oder politischer Veränderungen im Heimatland des Schuldners) auf die Ausfallwahrscheinlichkeit der Gegenpartei auswirken, wobei die Ausfallwahrscheinlichkeit eines Schuldners üblicherweise durch die Ausfallwahrscheinlichkeit seines Sitzlandes nach unten (bzw. seine Bonität nach oben) begrenzt wird. Darüber hinaus werden aber auch solche Risiken als Kreditrisiko bezeichnet, die aus reinen Marktwertveränderungen gehandelter (oder zumindest handelbarer) Forderungen in Folge von Bonitätsverschlechterungen der Gegenpartei resultieren.

---

[168] Vgl. Bundesanstalt für Finanzdienstleistungsaufsicht (2007).
[169] Vgl. Basel Committee on Banking Supervision (2005), S. 165-166.
[170] Vgl. Bieg / Krämer / Waschbusch (2009), S. 42-46.
[171] Vgl. Basel Committee on Banking Supervision (2008), S. 24.

Zusammenfassend kann das Kreditrisiko somit als Gefahr von Verlusten auf Grund von Bonitätsverschlechterungen eines Vertragspartners bis hin zum Ausfall definiert werden.[172]

Marktpreisrisiko

Als Marktpreisrisiko[173] wird allgemein die Gefahr bezeichnet, dass sich Veränderungen unterschiedlicher Marktpreise oder marktabhängiger Bewertungsfaktoren für bilanzielle oder außerbilanzielle (Finanz-)Positionen negativ auf die Erfolgssituation eines Kreditinstituts auswirken.[174] Dies gilt unabhängig davon, ob Marktpreise an organisierten Märkten festgestellt werden oder ob der Wert einer bestimmten (Finanz-)Position individuell zwischen den Vertragsparteien (z. B. bei sogenannten OTC-Geschäften[175]) ausgehandelt wird.[176] Bei einer etwas detaillierteren Betrachtung kann das Marktpreisrisiko auch als komplexes Zusammenspiel einzelner Risikofaktoren bzw. Marktparameter interpretiert werden, die letztendlich entscheidend für den Wert eines Finanzinstruments sind (z. B. Zinssätze, Devisen- oder Aktienkurse, etc.). Dabei ist zu beachten, dass zu den für ein bestimmtes Finanzinstrument relevanten Risikofaktoren bei weitem nicht immer alle verfügbaren bzw. beobachtbaren Marktparameter gehören. Beispielsweise wird der Wert einer 10-jährigen Bundesanleihe aus der Perspektive eines deutschen Kreditinstituts weder durch Aktien- noch Devisenkursänderungen unmittelbar tangiert. Marktpreisrisiken werden insofern meist nach der Art der Risikofaktoren unterschieden.[177]

Die nachfolgende Abbildung gibt einen Überblick über die wesentlichen, nach Risikofaktoren systematisierten Marktpreisrisiken.

---

[172] Vgl. Ott (2001), S. 8-11.
[173] Synonym werden für das Marktpreisrisiko auch die Begriffe „Marktrisiko" und „Marktpreisänderungsrisiko" verwendet. Vgl. Bieg / Krämer / Waschbusch (2009), S. 32.
[174] Vgl. Basel Committee on Banking Supervision (2008), S. 24.
[175] Der Begriff „OTC" steht für „over the counter".
[176] Vgl. Bieg / Krämer / Waschbusch (2009), S. 32.
[177] Vgl. Auer (2002), S. 10-11.

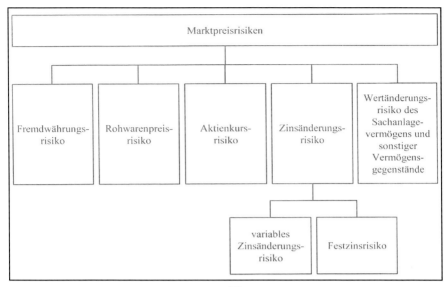

Abb. 15: Marktpreisrisiken eines Kreditinstituts[178]

Abschließend sei darauf hingewiesen, dass Marktpreisrisiken grundsätzlich nur aus offenen Positionen[179] entstehen können.

Operationelles Risiko

Unter dem Begriff des operationellen Risikos werden üblicherweise alle Risiken eines Kreditinstituts subsummiert, die durch den Geschäftsbetrieb bzw. die Erbringung der bankgeschäftlichen (Dienst-)Leistungen als solches entstehen.[180] Ihnen sind somit insbesondere diejenigen Risiken zuzuordnen, die aus der Beschaffung, dem Einsatz und dem Zusammenwirken der nicht-monetären Produktionsfaktoren resultieren. Die wesentlichen Gründe für operationelle Risiken sind deshalb personeller, sachlich-technischer, ablaufstruktureller oder rechtlicher Natur. Darüber hinaus können aber auch höhere Gewalt oder kriminelle Handlungen von Mitarbeitern oder externen Personen Gründe für operationelle Risiken sein.[181] Basel II definiert das operationelle Risiko etwas knapper als die Gefahr, Verluste aus der Unangemessenheit oder dem Versagen von internen Verfahren, Systemen und Menschen oder aus dem Eintritt externer Ereignisse zu erleiden. Diese Definition schließt insbesondere die als

---

[178] Vgl. Bieg / Krämer / Waschbusch (2009), S. 33.
[179] Unter einer „offene Position" sei hier grundsätzlich jede Finanz-Position verstanden, zu der keine vollständig kongruente Gegen- bzw. Sicherungsposition besteht.
[180] Vgl. Basel Committee on Banking Supervision (2008), S. 24.
[181] Vgl. Bieg / Krämer / Waschbusch (2009), S. 6.

Folge der aktuellen Finanzkrise stark an Bedeutung gewinnenden Rechtsrisiken mit ein. Die heute aber mindestens ebenso wichtigen Reputationsrisiken[182] werden von der Definition nicht erfasst.[183] Das nachfolgende Schaubild bietet einen Überblick über die unterschiedlichen operationellen Risiken eines Instituts.[184]

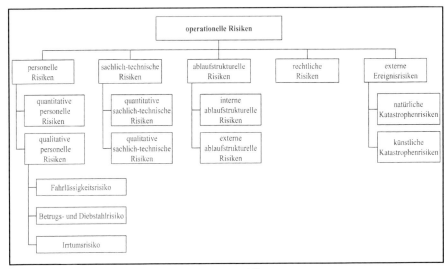

Abb. 16: Operationelle Risiken eines Kreditinstituts[185]

Liquiditätsrisiko

Allgemein wird unter dem Begriff des Liquiditätsrisikos die Gefahr verstanden, dass eine Bank ihren fälligen Zahlungsverpflichtungen nicht zu jedem Zeitpunkt uneingeschränkt nachkommen kann. Bei näherer Betrachtung lassen sich für diesen grundsätzlichen Sachverhalt zunächst zwei unterschiedliche Gründe identifizieren. Zum einen spricht man von erfolgsdeterminierten bzw. derivativen Liquiditätsrisiken, wenn sich die Liquidität als Folge von direkten oder indirekten Erfolgsrisiken verringert. Denkbar wäre hier etwa das unerwartete Auftreten sofort zahlungswirksamer Verluste (direkte Wirkung) oder die mangelnde Bereitschaft anderer Marktteilnehmer einer Bank kurzfristige Liquidität zu vertretbaren

---

[182] Reputationsrisiken werden teilweise auch als „externe ablaufstrukturelle Risiken" bezeichnet. Vgl. Bieg / Krämer / Waschbusch (2009), S. 7.
[183] Basel Committee on Banking Supervision (2005), S. 152.
[184] Für weiterführende Informationen zum operationellen Risiko siehe:
Bieg / Krämer / Waschbusch (2009), S. 6-27.
[185] Vgl. Bieg / Krämer / Waschbusch (2009), S. 8.

Konditionen bzw. Kosten zur Verfügung zu stellen, wenn die Reputation des Instituts ggf. durch hohe Verluste in anderen Bereichen belastet ist (indirekte Wirkung).

Auf der anderen Seite spricht man von Fristigkeitsrisiken bzw. von originären Liquiditätsrisiken, wenn das Risiko aus einer betragsmäßigen und laufzeitbedingten Asynchronität von Zahlungsverpflichtungen und Zahlungsmitteln bzw. Zahlungsmittelab- und Zahlungsmittelzuflüssen resultiert. Diese originären Liquiditätsrisiken lassen sich wiederum in aktivistische und passivische Fristigkeitsrisiken unterscheiden. Je nach dem, aus welcher Veränderung von Bilanzpositionen sich das Risiko ergibt. Die nachfolgende Abbildung bietet dazu einen Überblick.[186]

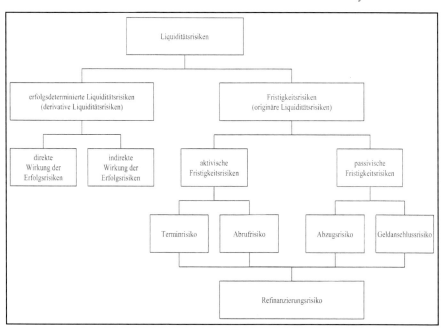

Abb. 17: Liquiditätsrisiken eines Kreditinstituts[187]

Bei genauerer Betrachtung stellen sich die Ursachen für das originäre Liquiditätsrisiko bzw. das Refinanzierungsrisiko eines Kreditinstituts jedoch noch wesentlich vielschichtiger dar. Zu unterscheiden sind hier marktspezifische Faktoren, die von außen auf die Liquiditätssituation

---

[186] Vgl. Bieg / Krämer / Waschbusch (2009), S. 48.
[187] Vgl. Bieg / Krämer / Waschbusch (2009), S. 49 *und* Zeranski (2011), S. 15.

des Instituts einwirken, und institutsspezifische Faktoren, wie etwa die Reputation bzw. die Bonität, auf die ein Institut selbst Einfluss nehmen kann. Die nachfolgende Abbildung stellt die Zusammenhänge der unterschiedlichen Komponenten des Liquiditätsrisikos dar.

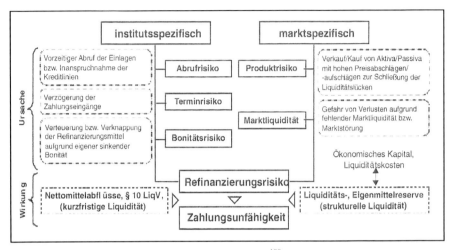

Abb. 18: Komponenten des Liquiditätsrisikos in Banken[188]

In Bezug auf die im weiteren Verlauf des Buches folgende Darstellung einer Quantifizierungsmöglichkeit zur Erfassung des Liquiditätsrisikos in ökonomischen RTF-Konzepten ist es wichtig, die verschiedenen Arten des Liquiditätsrisikos zu unterscheiden. Einerseits ist es möglich das sogenannte Marktliquiditätsrisiko als Höhe der kurzfristig maximalen Zahlungsmittelabflüsse (Liquidity at Risk bzw. LaR) zu betrachten. Andererseits besteht die Möglichkeit das als Refinanzierungsrisiko bezeichnete Risiko unerwartet steigender Refinanzierungskosten (Liquidity-Value-at-Risk bzw. L-VaR) zu bewerten.[189]

Die nachfolgende Abbildung fasst die wesentlichen Merkmale der beiden Liquiditätsrisiko-Größen zusammen.

---

[188] Vgl. Zeranski (2011), S. 15.
[189] Vgl. Zeranski /2011), S. 15.

Liquidity at Risk (LaR)	Liquidity Value at Risk (L-VaR)

Fokus: Inkongruenzen in den Zahlungsströmen
→ **Volumina => Zahlungsstromebene**
• Liquiditätsbelastung, die mit einer bestimmten Wahrscheinlichkeit von x % (Konfidenzintervall) in bestimmtem Zeitraum nicht überschritten wird
• Schätzung des Nettofinanzierungsbedarfs in der kurzfristigen Liquiditätssteuerung aus den fremdbestimmten Mittelzuflüssen/ -abflüssen einer Bank
• Zahlungsströme zur Steuerung der jederzeitigen geschäftstäglichen Zahlungsbereitschaft (§ 11 KWG) einer Bank im Fristenfächer (z.B. bis 30 Tage)
• Indikator für das Liquiditätsrisiko einer Bank auf der Zahlungsstromebene aus den Mittelzu- und Mittelabflüssen einer Bank
• **Indikator für dispositives Liquiditätsrisiko**
	Fokus: bonitätsbedingte Veränderung des Barwertes
	→ **Volumina + Preise => Vermögensebene**
	• Vermögensverlust, der mit einer bestimmten Wahrscheinlichkeit von x % (Konfidenzintervall) in bestimmtem Zeitraum nicht überschritten wird
	  – bei Deckung aller im Fristenfächer für die Mittelzu-, Mittelabflüsse projizierten Nettofinanzierungsbedarfe
	  – in der gesamten Liquiditätsvorschau (z.B. 1 bis 10 Jahre)
	  – nach bonitätsbedingter Änderung der Refinanzierungskosten der Bank und/oder der Marktpreise für Aktiva
	• Eigenmittelunterlegung des Liquiditätsrisikos (MaRisk)
	• Indikator für das Bonitätsrisiko einer Bank anhand von Schätzungen der bonitätsabhängigen Kosten zur Deckung des Nettofinanzbedarfs einer Bank
	• **Indikator für strukturelles Liquiditätsrisiko**

Abb. 19: Liquidity at Risk und Liquidity-Value-at-Risk[190]

Lediglich für den Liquidity-Value-at-Risk existieren Ansätze zur Einbeziehung in ein ökonomisches Kapitalmodell, weil die kurzfristige Verknappung der Liquidität (Marktliquiditätsrisiko), nicht durch ein zusätzliches Vorhalten von Kapitalpuffern vermieden oder auch nur abgemildert werden kann.[191] In diesem Zusammenhang ist zu erwähnen, dass zur Steuerung des Liquiditätsrisikos üblicherweise zwei unterschiedliche Sichtweisen zum Einsatz kommen. Einerseits handelt es sich dabei um eine kurzfristige bzw. dispositive und andererseits um eine mittel- bis langfristige bzw. strukturelle Sichtweise. Im Rahmen der dispositiven Liquiditätssteuerung stellt ein Institut auf täglicher Basis die Zahlungsbereitschaft, z. B. durch kurzfristige Interbankengeschäfte, sicher. Hier findet der LaR Verwendung. Im Rahmen der strukturellen Liquiditätssteuerung wird dagegen versucht die langfristige Refinanzierungsstruktur des Instituts durch eine zielgerichtete Planung und Steuerung von Kunden- und Eigengeschäften zu optimieren. Dabei kommt dem L-VaR eine wichtige Risikosteuerungs-

---
[190] Vgl. Zeranski / Geiersbach / Walter (2008), S. 382.
[191] Vgl. Deutsche Bundesbank (2007), S. 62.

funktion zu. Die nachfolgende Abbildung verdeutlicht die Inhalte und Unterschiede der beiden Sichtweisen nochmals.[192]

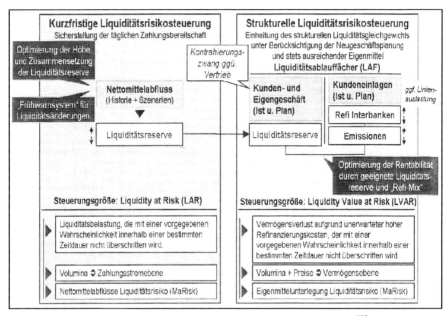

Abb. 20: Kurzfristige und strukturelle Liquiditätsrisikosteuerung in Banken[193]

3.3.3 Definition und Unterscheidung von Expected Loss und Unexpected Loss

Ausgehend von dem in Abschnitt 3.3.1 definierten materiellen Risikobegriff ist es für das Verständnis der im weiteren Verlauf des Buches dargestellten Methoden zur Quantifizierung einzelner bankgeschäftlicher Risiken, wie auch für die letztendliche Quantifizierung des gesamtbankbezogenen ökonomischen Kapitals (als Aggregat aller betrachteten Einzelrisiken) wichtig, eine Differenzierung zwischen dem erwarteten Verlust (Expected Loss bzw. EL) und dem unerwarteten Verlust (Unexpected Loss bzw. UL) vorzunehmen. Letztlich gilt es nur den unerwarteten Verlust im Rahmen von RTF-Konzepten zu betrachten und mit RDP abzudecken, denn nur dieser stellt tatsächlich ein materielles Risiko für die Bank dar.[194]

---

[192] Vgl. Zeranski (2011), S. 15-16.
[193] Vgl. Zeranski (2011), S. 16.
[194] Vgl. Schulte-Mattler / Manns (2010), S. 91.

Formal können die meisten bankgeschäftlichen Einzelrisiken, wie auch das ökonomische Kapital insgesamt, zumindest annähernd durch das Modell einer Wahrscheinlichkeitsverteilung beschrieben werden. Dabei streuen die prognostizierten (Risiko-) Ergebnisse (Gewinne und Verluste) im betrachteten Zeithorizont üblicherweise um einen bestimmten bzw. bestimmbaren Erwartungswert, der folglich als „erwarteter Verlust" bzw. „Expected Loss (EL)" bezeichnet wird. Dieser EL stellt jedoch aus ökonomischer Sicht kein Risiko dar, weil er regelmäßig bereits im Voraus durch entsprechende Risikozuschläge in den Geschäftskonditionen (Standardrisikokosten) berücksichtigt[195] oder durch anderweitige Risikovorsorgemaßnahmen (z. B. Abschreibungen, Wertberichtigungen oder Rückstellungen) abgedeckt wurde und somit keiner zusätzlichen bzw. nachträglichen Absicherung mehr bedarf.[196]

Das eigentliche Risiko bzw. dass im Rahmen ökonomischer RTF-Konzepte interessierende ökonomische Kapital entspricht dem unerwarteten Verlust (Unexpected Loss (UL)) und besteht somit darin, dass das tatsächliche Ergebnis einer Einzelrisikoverteilung oder der Gesamtrisikoverteilung einer Bank negativ vom Erwartungswert bzw. vom erwarteten Verlust (EL) abweicht. Unter Verwendung des in ökonomischen RTF-Konzepten überwiegend zur Risikobestimmung genutzten Value-at-Risk-Ansatzes, der in Abschnitt 3.3.4 noch näher erläutert wird, lässt sich der UL einer Position i[197] als Value-at-Risk-Betrag (VAR) abzüglich des erwarteten Verlustes (EL) definieren.

$$UL_i(p;T) = VaR_i(p;T) - EL_i$$

Dabei bezeichnet VaR die unter Berücksichtigung der angenommenen Verlustverteilung möglichen Veränderung, um die sich der Wert der Position i innerhalb einer definierten bzw. im jeweiligen Bewertungsmodell vorgegebenen Periode T[198] mit einer bestimmten Wahrscheinlichkeit p höchstens verringert (=potentieller Gesamt-Verlust).[199] Die nachfolgende Abbildung verdeutlicht diesen grundsätzlichen Zusammenhang.

---

[195] Vgl. Schulte-Mattler / Manns (2010), S. 91.
[196] Vgl. Ott (2001), S. 43.
[197] Der Platzhalter „i" kann hier sowohl für einzelne Geschäfte, Portfolien, gesamte Risikobereiche oder (zumindest theoretisch) für eine Bank insgesamt stehen.
[198] Die Periode „T" wird meist in Tagen angegeben. Wird für eine Bank etwa der Zeithorizont von einem Jahr betrachtet, so verwendet man für „T" meist 250 Geschäftstage.
[199] Vgl. Schulte-Mattler / Manns (2010), S. 91.

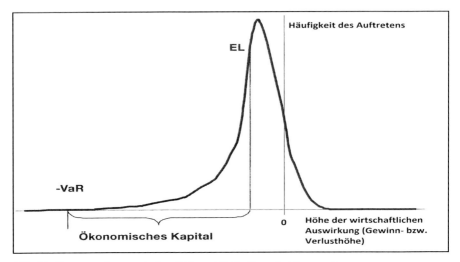

Abb. 21: Zusammenhang zwischen Value-at-Risk, Expected Loss und resultierendem ökonomischen Kapital[200]

3.3.4 Der Value-at-Risk als zentrales Risikomaß ökonomischer Risikotragfähigkeitskonzepte

3.3.4.1 Grundlagen der Risikomessung mittels Value-at-Risk und Expected Shortfall

Weil im Rahmen von ökonomischen RTF-Konzepten (wie in Abschnitt 3.3.3 dargestellt) nur materielle Risiken bzw. nur tatsächliche Verluste im Sinne von negativen Abweichungen vom Erwartungswert interessieren, eignen sich zweiseitige Risikomaße wie etwa die Varianz und die Standardabweichung nur bedingt bzw. nur als ergänzende Informationsquelle für die Bestimmung der meisten bankgeschäftlichen Einzelrisiken und des ökonomischen Kapitals auf Gesamtbankebene.[201] Mit ihnen kann bestenfalls das Risiko beschrieben werden, den Erwartungswert einer Verteilung insgesamt (positiv oder negativ) zu verfehlen.[202] Wesentlich besser eignen sich dagegen sogenannte einseitige Risikomaße, mit denen es möglich ist, nur den negativen Teil der Abweichungen vom Mittel- bzw. Erwartungswert isoliert zu betrachten. Der prominenteste Vertreter dieser einseitigen Risikomaße ist dabei auf Grund seiner relativ

---

[200] Vgl. Wehn (2008a), S. 219.
[201] Vgl. Geiersbach / Prasser (2010), S. 215.
[202] Vgl. Zurek (2009), S. 35-38.

einfachen Anwendbarkeit und Verständlichkeit der Value-at-Risk (VaR).[203] Darüber hinaus wird die Verwendung des VaR sogar im Rahmen von internen Marktrisikomodellen zur Ermittlung des Anrechnungsbetrages für Marktrisiken nach Säule 1 von Basel II[204] regulatorisch ausdrücklich gefordert.[205]

Allgemein lässt sich das VaR als Maximalverlust einer bestimmten (Finanz-) Position, eines Portfolio aus (Finanz-) Positionen oder allgemein einer bestimmten Risikoposition, bezogen auf eine angenommene Dichtefunktion einer Gewinn- und Verlustverteilung definieren, der innerhalb eines bestimmten Zeitraums, nur mit einer bestimmten (Rest-) Wahrscheinlichkeit (p) überschritten wird.[206] Der sich aus „100 % - p[207]" ergebende Wert wird in diesem Zusammenhang auch als Sicherheitsniveau bzw. Konfidenzniveau bezeichnet.[208] Würde man beispielsweise bei einer gegebenen Verlustverteilung und einem angenommenen Betrachtungshorizont von einem Jahr[209] ein Konfidenzniveau von 99 % vorgeben, so würde der entsprechende VaR den Maximalverlust angeben, der (theoretisch bzw. statistisch) maximal in einem von 100 Jahren überschritten wird.[210]

Auf die sich aus dem Beispiel fast zwangsläufig ergebende Zusatzfrage, um wie viel der Verlust-Betrag des VaR in diesem einen von 100 Jahren überschritten wird, gibt das VaR-Konzept allein jedoch keine Antwort. Um diese Frage zu beantworten bzw. die außerhalb des VaR liegenden Verlustgrößen zumindest grob zu approximieren, kann jedoch die auf dem VaR aufbauende Größe des „Expected Shortfall zum Quantil 1-p" (ES) verwendet werden, die auch als „Conditional VaR" (CVaR[211]) bezeichnet wird.[212] Sie gibt den Mittelwert aller

---

[203] Vgl. Zurek (2009), S. 40.
[204] Hier sei ausdrücklich darauf hingewiesen, dass sich die regulatorische Anforderung zur Verwendung eines VaR Modells zur Bestimmung des Marktrisikos ausschließlich auf die regulatorischen Eigenmittelanforderungen nach Säule 1 von Basel II bezieht. Für die im Rahmen dieses Buches betrachtete, institutsinterne Quantifizierung des ökonomischen Kapitals gemäß Säule 2 von Basel II existieren noch keine regulatorischen Vorgaben. Allerdings ist es verständlich, dass viele Institute die für Säule I von Basel II implementierten Rechenmodelle auch für Zwecke der ökonomischen Kapitalberechnung nach Säule 2 von Basel II nutzen. Vgl. Deutsche Bundesbank (2007), S. 64.
[205] Vgl. Auer (2002), S. 21.
[206] Vgl. Auer (2002), S. 14.
[207] Der Wert „p" sei hier auch in % angegeben.
[208] Vgl. Auer (2002), S. 16.
[209] Wird ein Betrachtungshorizont von einem (Geschäfts-) Jahr gewählt, so wird der VaR üblicherweise für T = 250 (Geschäfts-) Tagen bestimmt. Vgl. Wehn (2008a), S. 237.
[210] Vgl. Schulte-Mattler / Manns (2010), S. 91.
[211] Um Verwechselungen zu vermeiden sei an dieser Stelle ausdrücklich darauf hingewiesen, dass teilweise auch der für das Kreditrisiko berechnete VaR als „Credit-Value-at-Risk" abgekürzt als C-VaR bezeichnet wird. Dabei handelt es sich jedoch nur um den „normalen" VaR, der keine Aussage über Verluste trifft, die sich jenseits des Konfidenzintervalls befinden. Vgl. Ott (2001), S. 42-43.
[212] Vgl. Geiersbach / Prasser (2010), S. 215.

(prognostizierten) Verluste an, die den VaR übersteigen.[213] Mit Hilfe des ES können somit insbesondere höhere Risiken im Verteilungsende, die auch als „fat tail"[214] bzw. „tail-risk" bezeichnet werden und beispielsweise charakteristisch für die Verteilung operationeller Risiken sind,[215] erkannt und beurteilt werden.[216] Darüber hinaus erfüllt der ES das Kriterium der Subadditivität. Das bedeutet, dass die Summe einzelner ES von Teilportfolien gleich dem Gesamt-ES eines Oberportfolios ist. Diese in jeder Hinsicht schöne Eigenschaft erfüllt der VaR nicht in jedem Fall. Hier kann die Summe der Einzel-VaR von Teilportfolien auch kleiner sein, als der Gesamt-VaR eines Oberportfolios.[217] Obwohl zu vermuten wäre, dass der ES allein schon auf Grund seiner vorgenannten Vorteile und seines unter Risikogesichtspunkten sehr interessanten Aussagegehalts besonders häufig für die interne Risikosteuerung der Institute verwendet wird, ist das Gegenteil der Fall.[218] Der Grund dafür mag ggf. darin liegen, dass der ES etwas schwieriger verständlich und deshalb schlicht unpraktischer für die bankinterne Kommunikation ist.[219] Der VaR hingegen hat sich bei den meisten Banken als Risikomaß der Wahl etabliert. Er bietet in den meisten Anwendungsbereichen einen relativ guten Kompromiss zwischen theoretischer Exaktheit und praktischer Anwendbarkeit und liefert unter normalen Marktbedingungen eine relativ gute Risikoabschätzung. Lediglich bei Auftreten extremer Markt- bzw. Umweltbedingungen liefern die implizit oder explizit in der VaR-Berechnung verwendeten Korrelationsannahmen keine verlässlichen Werte mehr, weshalb die VaR-basierte Risikoermittlung auch regelmäßig um ergänzende Stress-Tests für extreme Markt- und Umweltverhältnisse ergänzt wird.[220] Das nachfolgende Schaubild verdeutlicht nochmals den Unterschied zwischen einer VaR- oder ES-basierten Ermittlung des ökonomischen Kapitals.

---

[213] Vgl. Zurek (2009), S. 44.
[214] Vgl. Hänselmann / Wilderotter (2008), S. 165.
[215] Vgl. Lenzmann (2008), S. 292 und 295.
[216] Vgl. Hänselmann / Wilderotter (2008), S. 166.
[217] Vgl. Hänselmann / Wilderotter (2008), S. 165.
[218] Vgl. Deutsche Bundesbank (2007), S. 64.
[219] Vgl. Basel Committee on Banking Supervision (2008), S. 20-21.
[220] Vgl. Hänselmann / Wilderotter (2008), S. 167-168.

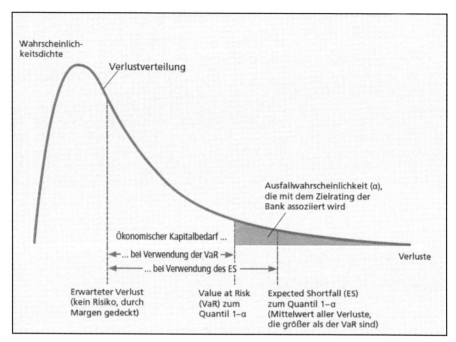

Abb. 22: VaR-basierte versus ES-basierte Ermittlung des ökonomischen Kapitals[221]

Die zentrale Voraussetzung zur Berechnung eines VaR oder seiner Variante, dem ES, ist die jeweilige Kenntnis der genauen oder zumindest einer auf Grund empirischer Befunde begründbaren Dichte- bzw. Verteilungsfunktion[222] für das jeweils betrachtete Risiko.[223] Sofern Erwartungswert und Varianz (bzw. die Standardabweichung) bekannt sind oder errechnet werden können, ist die Bestimmung des VaR oder des ES z. B. für eine Standard-Normalverteilung relativ einfach möglich. Die jeweilige Form der zu Grunde liegenden Ergebnis- bzw. Verlustverteilung ist in der Praxis jedoch stark vom jeweils betrachteten Risiko abhängig. In der folgenden Abbildung sind beispielhaft typische Verlustverteilungen für die wichtigsten bankgeschäftlichen Risiken sowie eine daraus abgeleitete Gesamtverlustverteilung (zur Bestimmung des ökonomischen Kapitals) dargestellt.

---

[221] Vgl. Deutsche Bundesbank (2007), S. 61.
[222] Die Verteilungsfunktion ist die 1. Ableitung der Dichtefunktion bzw. der Häufigkeitsverteilung. Vgl. dazu auch: Schierenbeck / Lister / Kirmße (2008), S. 69-70.
[223] „Risiko" kann sich hier sowohl auf eine einzelne (Finanz-) Position, als auch auf ein betrachtetes Portfolio von (Finanz-) Positionen oder auf das aggregierte ökonomische Kapital auf Gesamtbankebene beziehen.

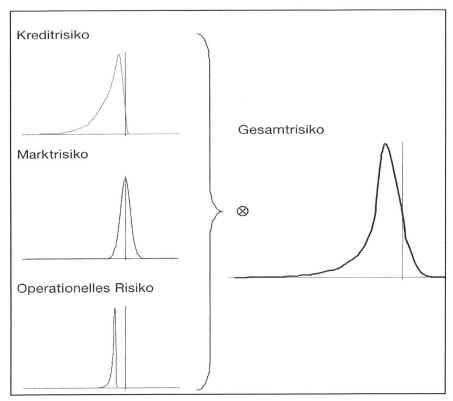

Abb. 23: Typische Verlustverteilungsformen für Kredit-, Markt- und operationelle Risiken sowie ihrer möglichen Aggregation[224]

Aus Vereinfachungsgründen werden in der Praxis jedoch oft keine individuell bestimmten Häufigkeits- bzw. Dichtefunktionen, sondern bekannte theoretische Verteilungen als „Näherung" für die tatsächliche Verteilung genutzt. Die bekannteste und auch am häufigsten verwendete ist dabei die Normalverteilung, die dem Abbild einer Gauß'schen Glockenkurve [225] entspricht. Durch die Möglichkeit jede Normalverteilung in eine Standard-Normalverteilung mit einem Erwartungswert von „0", einer Varianz von „1" und einer Gesamtfläche unterhalb der Kurve von ebenfalls „1" umzuwandeln, lassen sich mit ihr sehr einfach Verteilungsquantile bzw. VaR-Größen berechnen.[226] Als Beispiel für ein relativ einfaches, auf der Normalverteilung basierendes Modell zur VaR-Bestimmung für einzelne

---

[224] Vgl. Wehn (2008a), S. 234.
[225] Schematisch entspricht die Gauß'sche Glockenkurve in etwa der in Abbildung 23 dargestellten Verteilungsfunktion für das Marktrisiko. Vgl. auch: Schierenbeck / Lister / Kirmße (2008), S. 19, 69-70.
[226] Vgl. Schierenbeck / Lister / Kirmße (2008), S. 68-69.

Risikopositionen oder ein Portfolio aus mehreren Risikopositionen,[227] deren gegenseitige Abhängigkeiten sich durch eine Varianz-Kovarianz-Matrix[228] beschreiben lassen, sei hier das von Lister[229] vorgestellte Risikomodell „RiskMaster" erwähnt.[230] Sein Ablauf ist im nachfolgenden Schaubild schematisch dargestellt.

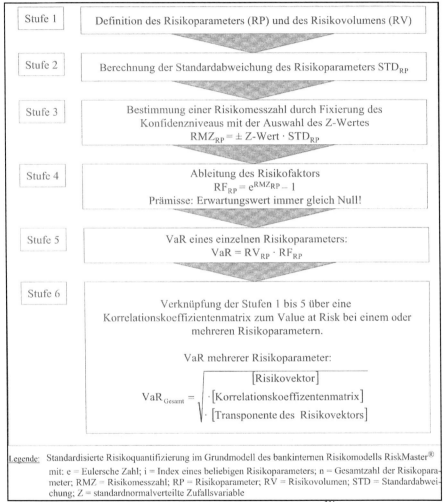

Abb. 24: VaR-Ermittlung mit Hilfe des Risikomodells „RiskMaster"[231]

---

[227] Vgl. Schierenbeck / Lister / Kirmße (2008), S. 85.
[228] Die Varianz-Kovarianz-Matrix wird auch als Korrelationskoeffizientenmatrix bezeichnet. Sie beschreibt lineare gegenseitige Abhängigkeiten zwischen den einzelnen Risikofaktoren. Vgl. dazu auch: Schierenbeck / Lister / Kirmße (2008), S. 84.
[229] Prof. Dr. Michael Lister.
[230] Vgl. Schierenbeck / Lister / Kirmße (2008), S. 76-85.
[231] Vgl. Schierenbeck / Lister / Kirmße (2008), S. 77.

Weiterführende Informationen zur Entwicklung des VaR-Modells, seinen theoretischen Hintergründen und zur mathematisch korrekten Darstellung seiner Berechnungsmöglichkeiten finden sich in folgenden Quellen:

- Zurek (2009), S. 41-58.
- Auer (2002), S. 14-95.
- Schierenbeck / Lister / Kirmße (2008), S. 76-100.
- Tasche (2008), S. 204-206.

3.3.4.2 Übliche Ansätze zur Bestimmung des Value-at-Risk

Wie bereits im vorhergehenden Abschnitt erläutert, besteht die Hauptschwierigkeit bei der Ermittlung eines VaR darin, eine für die jeweils betrachtete Risikoart oder ein bestimmtes Finanzinstrument richtige bzw. passende Verteilung der potentiellen Gewinne und Verluste zu bestimmen.[232] Neben der Verwendung theoretischer, allgemein bekannter und vordefinierter Verteilung, wie etwa der zuvor beschriebenen Normalverteilung oder der in ähnlicher Weise bekannten und allgemein definierten Student-t-Verteilung,[233] existieren zwei andere, weit verbreitete Verfahren, mit deren Hilfe Gewinn- und Verlustverteilungen simuliert bzw. speziell erzeugt werden können. Dies sind einerseits die „Historische Simulation" und andererseits die sogenannte „Monte-Carlo-Simulation". Durch die bei ihnen mögliche risiko- oder finanzpositionsspezifische Simulation/Erzeugung einer Dichteverteilung können spezielle Wertentwicklungseigenheiten bestimmter Risiken (z. B. nichtlineare Abhängigkeiten von der Wertentwicklung wesentlicher Risikotreiber, wie etwa in Fall von Aktienoptionen, etc.) individuell berücksichtigt werden.[234] Absolut notwendig wird diese Vorgehensweise immer dann, wenn die verfügbaren theoretischen Verteilungsannahmen offensichtlich oder auf Grund von empirischen Erhebungen nicht zu der Form der theoretischen Verteilungsannahme passen. Bei nicht normalverteilten Wertänderungen ergibt sich insbesondere das Problem, dass die Bestimmung einer aggregierten Wertänderung auf Portfolioebene nicht mit der im vorhergehenden Abschnitt erwähnten Korrelationskoeffizienten-matrix erfolgen kann. Diese Probleme lassen sich mit den beiden vorgenannten Simulationsmodellen aber relativ gut umgehen, weil sie mit deutlich weniger restriktiven Prämissen arbeiten.[235] Nachfolgend

---

[232] Vgl. Zurek (2009), S. 47.
[233] Vgl. Zurek (2009), S. 57.
[234] Vgl. Zurek (2009), S. 50-53 und 58-63.
[235] Vgl. Schierenbeck / Lister / Kirmße (2008), S. 86-89.

werden die wesentlichen Merkmale der drei angesprochenen Grundmodelle zusammenfassend dargestellt.

Varianz-Kovarianz-Analyse

Das zuvor bereits beschriebene Risikomodell RiskMaster ist ein Beispiel für die Varianz-Kovarianz-Analyse. Die Methode setzt neben der Normalverteilungsannahme voraus, dass sich die Wertentwicklung des betrachteten Risikos bzw. der betrachteten Finanzposition auf mehrere wertbeeinflussende Risikofaktoren zurückführen lässt, die in einer für statistische Zwecke ausreichenden Anzahl und Güte vorhanden bzw. beobachtbar sind. Darüber hinaus ist es erforderlich, dass sich die Wertänderungen und die gegenseitigen Wechselwirkungen der Risikofaktoren möglichst linear zu der Wertentwicklung des betrachteten Risikos bzw. der betrachteten Finanzposition verhalten und sich diese relativ gut nachvollziehen bzw. erklären lassen. Das Ziel der Varianz-Kovarianz-Analyse ist es, aus der Kenntnis der gegenseitigen Abhängigkeiten der Risikofaktoren auf die Gewinn- und Verlustverteilung des betrachteten Risikos bzw. der betrachteten Finanzposition zu schließen. Sofern es gelingt den Wert der betrachteten Finanzposition jeweils durch eine lineare Verknüpfung der Wertentwicklung der als maßgeblich identifizierten Risikofaktoren darzustellen und gleichzeitig unterstellt werden kann, dass die Wertentwicklungen der Risikofaktoren einer multivariaten Normalverteilung folgen, wird die Methode auch als Delta-Normal-Methode bezeichnet. Im Kern geht es bei der Varianz-Kovarianz-Analyse stets darum, aus der Ermittlung der (historischen) Erwartungswerte, Varianzen und gegenseitigen Abhängigkeiten von Risikofaktoren auf den Erwartungswert und die Varianz (bzw. die Standardabweichung) einer beliebigen Finanzposition (oder eines Portfolios) zu schließen, für die die betrachteten Risikofaktoren jeweils bewertungsrelevant sind. Wegen der Normalverteilungsannahme lässt sich durch die Kenntnis von Erwartungswert und Standardabweichung für die betrachtete Finanzposition (das betrachtete Portfolio) dann eine entsprechende (Normal-)Verteilung darstellen bzw. berechnen. Unter Berücksichtigung der Tatsache, dass sich wiederum jede Normalverteilung in eine Standard-Normalverteilung[236] umrechnen lässt, kann der VaR zum jeweils gewünschten Konfidenzniveau dann sehr leicht ermittelt werden.[237] Zur Berechnung nichtlinearer Risiken (z. B. Risiken aus Optionen und sonstigen Derivaten) ist der Ansatz allerdings ungeeignet.[238]

---

[236] Siehe dazu auch Abschnitt 3.3.4.1.
[237] Vgl. Zurek (2009), S. 53-58.
[238] Vgl. Geiersbach / Prasser (2010), S. 215.

Historische Simulation

Im Kern werden bei der historischen Simulation Wertänderungszeitreihen der Vergangenheit kopiert und als mögliche Prognose für die zukünftige Entwicklung eines Risikos oder einer bestimmten Finanzposition genutzt. Die Verwendung statistischer Parameter ist dabei nicht notwendig. Die Historische Simulation ist damit das einfachste und am leichtesten nachvollziehbare Modell zur Bestimmung des VaR. Durch eine Übertragung der historischen Wertänderungen auf den aktuellen (Ausgangs-) Wert einer Finanzposition oder eines Portfolios lassen sich in Abhängigkeit von Betrachtungshorizont und Länge der historischen Zeitreihe beliebig viele Zukunftsprognosen für die Wertentwicklung der betrachteten Finanzposition oder des betrachteten Portfolios generieren. Abschließend müssen die Ergebnisse der generierten Zukunftsprognosen nur noch der Größe nach geordnet werden (z. B. vom größten Gewinn zum größten Verlust). Der VaR zu einem bestimmten Konfidenzniveau kann dann durch einfaches Abzählen der prognostizierten Zukunftsergebnisse abgelesen werden. Wurden beispielsweise 1.000 Prognosen für die Wertentwicklungen einer bestimmten Finanzposition für den Betrachtungshorizont von 10 Geschäftstagen generiert und der Größe nach aufgelistet, so würde das Ergebnis der 999-sten Prognose bzw. das zweitschlechteste Wertänderungsergebnis dem 10-Tages-VaR für die betrachtete Finanzposition mit einem Konfidenzniveau von 99,9 % entsprechen.[239]

Monte-Carlo-Simulation

Im Gegensatz zu der historischen Simulation wird bei der Monte-Carlo-Simulation versucht, eine von den Daten der Vergangenheit weniger stark beeinflusste Prognose für die künftige Risikoentwicklung zu erzeugen. Um dies zu erreichen, werden nicht einfach die historisch beobachteten Wertänderungen eins-zu-eins übernommen, sondern es wird zunächst versucht, die Risikofaktoren bzw. die Einflussgrößen zu bestimmen, mit deren Hilfe sich die historisch beobachtete Gewinn- oder Verlustverteilung erklären lässt (beispielsweise die Veränderungsraten eines Aktienindizes, gemeinsam mit den Veränderungsraten der allgemeinen Marktrendite). Mit Hilfe eines Zufallsgenerators werden dann für die ermittelten Risikofaktoren wiederum Zufallszahlen generiert, wobei für die Risikofaktoren eine bestimmte (theoretische) Zufallsverteilung (z. B. eine Normalverteilung) angenommen und zu Grunde gelegt wird. Basierend auf diesen neu erzeugten Zufallsverteilungen der Risikofaktoren werden dann wiederum zufällige Kombinationen aus den potentiellen Ausprägungen der Risikofaktoren gebildet. Abschließend werden diese neu erzeugten Risikofaktor-Kombinationen dann wieder

---

[239] Vgl. Schierenbeck / Lister / Kirmße (2008), S. 89-91.

dazu verwendet, eine neue Gewinn- und Verlustverteilung für das eigentlich interessierende Risiko bzw. die Wertveränderung einer bestimmten Finanzposition zu generieren bzw. zu simulieren. Die dadurch letztlich neu erzeugte Gewinn- und Verlustverteilung beruht somit zwar auf denselben Einflussgrößen, wie die historisch beobachtete Verteilung; die Abfolge und Ausprägung ihrer jeweiligen Ergebnisse wird nun jedoch durch einen beliebig oft wiederholbaren Zufallsprozess neu erzeugt. Analog zu dem Vorgehen bei der historischen Simulation kann der VaR letztendlich auch hier durch einfaches „Abzählen" der nach ihrer Größe sortierten Wertänderungen ermittelt werden. Die besondere Schwierigkeit bzw. Herausforderung bei dieser Methode besteht jedoch (wie bei der Varianz-Kovarianz-Methode) darin, dass die in den Modellen verwendeten (theoretischen) Verteilungsannahmen ggf. nicht mit den tatsächlichen Verteilungen übereinstimmen oder dass die als wesentlich identifizierten Risikofaktoren eventuell nicht ausreichen, um die tatsächliche zukünftige Wertentwicklung angemessen prognostizieren zu können.[240] Abgesehen von ihrer Komplexität und dem hohen Rechenaufwand handelt es sich bei der Monte-Carlo-Simulation jedoch momentan um die aus statistischer Sicht „sauberste" Methode zur Risiko- bzw. VaR-Ermittlung.[241]

Die nachfolgende Tabelle fasst die Charakteristika der drei vorgestellten Modelle zusammen.

---

[240] Vgl. Schierenbeck / Lister / Kirmße (2008), S. 92-95.
[241] Vgl. Geiersbach / Prasser (2010), S. 215.

Varianz-Kovarianz-Ansatz	Monte-Carlo-Simulation	Historische Simulation
Linearisierung der Preis-Risikofaktoren-Beziehung anhand von Sensitivitäten	Beziehung zwischen Preis und Risikofaktoren anhand eines Bewertungsalgorithmus	Beziehung zwischen Preis und Risikofaktoren anhand eines Bewertungsalgorithmus
„local valuation"	„full valuation"	„full valuation"
Charakterisierung der Verteilung des Portfoliowertes aufgrund der Verteilung der Risikofaktoren	Simulation der Risikofaktoren und entsprechende Simulation der Preisänderungen des Portfolios	Simulation der Risikofaktoren anhand historischer Daten und entsprechende Simulation der Preisveränderungen
Annahme der Standardnormalverteilung der Risikofaktoren	Annahme der Standardnormalverteilung der Risikofaktoren	Keinerlei Verteilungsannahme
Niedriger Rechenaufwand	Hoher Rechenaufwand	Hoher Rechenaufwand
Nichtlinearitäten werden nicht berücksichtigt	Nichtlinearitäten werden berücksichtigt	Nichtlinearitäten werden berücksichtigt
Nur in der Historie beobachtete Szenarien werden berücksichtigt	Per Zufallsziehungen werden auch Konstellationen einbezogen, die nicht in der Historie enthalten sind	Nur in der Historie beobachtete Szenarien werden berücksichtigt
Verwendung der Korrelation und damit des linearen Zusammenhangs zwischen Risikofaktoren	Verwendung der Korrelation und damit des linearen Zusammenhangs zwischen Risikofaktoren	Verwendung tatsächlich beobachteter (auch nicht linearer) Zusammenhänge zwischen Risikofaktoren

Abb. 25: Eigenschaften der drei häufigsten Modelle zur VaR-Ermittlung[242]

Das Kriterium „local valuation" oder „full valuation" bezieht sich darauf, welcher Zusammenhang zwischen der Wertentwicklung eines Portfolios und der Wertentwicklung des bzw. der betrachteten Risikofaktoren jeweils angenommen wird. Man spricht allgemein von „local valuation", wenn ein linearer Zusammenhang zwischen der Wertänderung des Portfolios (ΔV)

---

[242] Vgl. Auer (2002), S. 92.

und der Änderung eines Risikofaktors (ΔS) mit einer bestimmten Sensitivität (β) unterstellt wird.

$$\Delta V = \beta \times \Delta S$$

Von „full valuation" spricht man dann, wenn bezüglich der Wertänderung des Portfolios und der Wertänderung des bzw. der Risikofaktoren kein fixer Zusammenhang angenommen wird, sondern jeweils eine vollständige „mark to market" Bewertung erfolgt. Die Wertänderung des Portfolios ergibt sich dabei aus der Veränderung der Marktwerte des Portfolios für den ursprünglichen Risikofaktor(-Wert) (S_0) und den veränderten Risikofaktor(-Wert) (S_1).

$$\Delta V = V(S_1) - V(S_0)$$

Da hier jeweils die exakte Wertveränderung gemessen wird, werden auch nichtlineare Zusammenhänge des Portfoliowertes zu den jeweiligen Risikofaktoren berücksichtigt.[243] Die folgende Abbildung fasst die wesentlichen Stärken und Schwächen der drei vorgestellten Methoden zusammen.

	Varianz-Kovarianz-Analyse	Historische Simulation	Monte-Carlo-Simulation
Stärken	• einfach kommunizierbar und verständlich • Offenlegung von Risikoverbundeffekten und Risiken von einzelnen Risikoarten • Grundmodell mit relativ geringem Aufwand implementierbar	• sehr einfach verständliches und intuitiv einleuchtendes Modell • auch nichtlineare Risikomessung möglich	• Hohe Flexibilität • Simulation sämtlicher Risiken möglich
Schwächen	• sehr restriktive Annahmen • Berücksichtigung von nichtlinearen Preisfunktionen schwierig	• Anspruch an Datenbasis sehr hoch • nur implizite Erfassung von Risikoverbundeffekten	• Definition von Abhängigkeitsbeziehungen • hohe Komplexität (damit einhergehend hohes Modellrisiko)

Abb. 26: Stärken und Schwächen der drei häufigsten Methoden zur VaR-Ermittlung[244]

Um die Aussagekraft aller drei Modelle zu erhöhen und ein gewisses konservatives Moment zu integrieren, können und werden die Modelle in der Praxis häufig um die Einbeziehung bzw. Simulation von Crash- oder Stress-Szenarien ergänzt.[245] Bei der Varianz-Kovarianz-Analyse kann dies etwa durch die Berücksichtigung eines höheren Konfidenzniveaus und/oder die

---

[243] Vgl. Auer (2002), S. 25-26.
[244] Vgl. Schierenbeck / Lister / Kirmße (2008), S. 99.
[245] Vgl. Gehrmann (2008), S. 116.

Berücksichtigung eines längeren Betrachtungshorizonts erfolgen. Bei der historischen Simulation besteht die Möglichkeit, eine Zeitreihe für die Prognose der zukünftigen Wertentwicklung zu Grunde zu legen, die die Wertveränderungen einer Phase von z.B. Börsencrashs oder einer allgemeinen Rezession widerspiegelt. Und im Rahmen einer Monte-Carlo-Simulation können durch entsprechende Veränderungen der Zufallsalgorithmen und/oder der in der Simulation unterstellten Veränderungsraten der Risikofaktoren relativ einfach extreme Markt- bzw. Wertveränderungen simuliert werden.[246] Die Nutzung bzw. die Ermittlung und Einbeziehung solcher Crash-Szenarien oder Stress-Tests in die ökonomischen Risikotragfähigkeitsmodelle wird, wie bereits in Abschnitt 2.3 dargestellt, regulatorisch gefordert.[247] Eine tiefergehende Auseinandersetzung mit den dargestellten Modellen bieten folgende Quellen:

- Schierenbeck / Lister / Kirmße (2008), S. 76-100.
- Auer (2002), S. 25-96.

3.3.5 Wahl des Konfidenzniveaus

Die Wahl des Konfidenzniveaus, auf dessen Basis der ökonomische Kapitalbedarf im RTF-Konzept einer Bank bestimmt werden soll, ist von entscheidender Bedeutung für das interne Risikomanagement einer Bank, wie auch für ihre Außendarstellung gegenüber Kunden, Investoren und Ratingagenturen. Wie in Abschnitt 3.1.2 bereits angedeutet, steht das gewählte Konfidenzniveau in engem Zusammenhang mit der potentiellen Ausfallwahrscheinlichkeit eines Instituts, die vom Management oder den Eigentümern einer Bank für adäquat erachtet wird. Vor diesem Hintergrund ist es plausibel, dass die Mehrheit der Banken mit relativ hohen Konfidenzniveaus operiert, die sich üblicherweise an den jeweils angestrebten Zielratings externer Ratingagenturen orientieren.[248] Die nachfolgende Tabelle listet beispielhaft Konfidenzniveaus auf, die verschiedene deutsche Banken im Jahr 2006 in ihren ökonomischen RTF-Konzepten verwendet haben.[249]

---

[246] Vgl. Schierenbeck / Lister / Kirmße (2008), S. 98.
[247] Vgl. Gehrmann (2008), S. 116.
[248] Vgl. Deutsche Bundesbank (2007), S. 60.
[249] Vgl. Wehn (2008a), S. 231-232.

Bank / Konzern	Konfidenzniveau
Bayern LB	99.96%
Commerzbank	99.95%
DekaBank	99.97%
Deutsche Bank	99.98%
Dresdner Bank	99.93%
HSH Nordbank	99.90%
HypoVereinsbank	99.95%
LBBW	99.95%
West LB	99.95%

Abb. 27: Konfidenzniveaus für die ökonomische Kapitalsteuerung deutscher Banken im Jahr 2006[250]

Daraus ist ersichtlich, dass die in der Praxis zur Bestimmung des ökonomischen Kapitalbedarfs in RTF-Konzepten verwendeten Konfidenzniveaus meist nicht mit den in Säule 1 von Basel II regulatorisch vorgegebenen Konfidenzniveaus (99,9 % für das Kreditrisiko und das operationelle Risiko bzw. 99 % für die Bestimmung des Marktpreisrisikos) übereinstimmen.[251]

Die zwischen dem angestrebten Zielrating und dem verwendeten Konfidenzniveau bestehende Beziehung lässt sich derart interpretieren, dass ein bestimmter Betrag an ökonomischem Kapital vorgehalten werden muss, damit ein Antasten bzw. eine Aufzehrung des zwingend erforderlichen bilanziellen oder regulatorischen Kapitals mit einer bestimmten Wahrscheinlichkeit innerhalb des betrachteten Zeithorizonts ausgeschlossen werden kann. Ausgehend von dieser am Going-Concern-Konzept orientierten Betrachtungsweise muss eine Bank ihre ökonomische Kapitalsteuerung als einen von ihren jeweiligen Geschäftsaktivitäten abhängigen, dynamischen Prozess verstehen, der stets darauf auszurichten ist, einen gewissen Kapitalpuffer oberhalb der zwingend einzuhaltenden bilanziellen bzw. regulatorischen Kapitalanforderungen vorzuhalten. Nach den Empfehlungen des Basel Committee on Banking Supervision aus dem Jahr 2008 sollte die Wahrscheinlichkeit diesen Puffer zu verlieren, letztlich mit der impliziten Ausfallwahrscheinlichkeit des angestrebten Zielratings korrespondieren.[252] Diese Sichtweise deckt sich ebenfalls mit der Erwartungshaltung der meisten Analysten, Ratingagenturen und Kapitalmarktinvestoren, die ohnehin erwarten, dass eine

---
[250] Vgl. Wehn (2008a), S. 232.
[251] Siehe dazu die Ausführungen in Abschnitt 3.1.2.
[252] Vgl. Basel Committee on Banking Supervision (2008), S. 21-22.

Bank stets mit einem Kapitalniveau operiert, dass die bilanziellen und regulatorischen Mindestanforderungen übersteigt.[253]

Die letztendliche Festlegung des zu verwendenden Konfidenzniveaus ist jedoch trotz der möglichen Orientierung an einem ggf. angestrebten Zielrating nicht trivial, weil sich die Ausfallwahrscheinlichkeiten, die die Ratingagenturen mit ihren jeweiligen Ratingklassen verbinden (auch als „Mapping" bezeichnet),[254] einerseits im Zeitablauf verändern können oder von vornherein leicht unterschiedliche Mappings von den einzelnen Ratingagenturen verwendet werden. So variierten etwa die der Ratingklasse „AA" zugeordneten Ausfallwahrscheinlichkeiten im Jahr 2007 zwischen 0,2 % und 0,7 % und die der Ratingklasse „A" zwischen 0,4 % und 1,0 %.[255]

In welcher Weise der sich allein daraus ergebende Interpretationsspielraum durch das Bankmanagement genutzt wird, hängt letztlich von der individuellen Risikoneigung und der grundsätzlich verfolgten Geschäftsstrategie ab. Ein besonders hohes Konfidenzniveau begünstigt eine positive Sicht der Gläubiger, der Ratingagenturen und letztlich auch der Bankenaufsicht auf das Institut. Auf der anderen Seite eignen sich etwas niedrigere Konfidenzniveaus besser zur internen Risikosteuerung und zur ertragsorientierten Kapitalallokation in einem normalen Markt- und Geschäftsumfeld. Zu hohe Konfidenzniveaus würden hier das maximale Geschäftsvolumen ggf. stark einschränken. Aus diesem Grund nutzen viele Banken unterschiedliche Konfidenzniveaus parallel für unterschiedliche Zwecke.[256]

Abschließend ist darauf hinzuweisen, dass für die Bestimmung der bankgeschäftlichen Einzelrisiken (auf operativer Ebene) häufig Konfidenzniveaus verwendet werden, die von dem für das RTF-Konzept (auf übergeordneter Ebene) verwendeten Konfidenzniveau abweichen. Für die Verwendung der auf operativer Ebene ermittelten Einzelrisikobeträge im gesamtbankbezogenen RTF-Konzept sind deshalb entsprechende Überleitungsrechnungen erforderlich, die in Abschnitt 3.4.1 beispielhaft für das Marktrisiko dargestellt werden.[257] Inwiefern dies für eine möglichst konsistente und fehlerfreie Bestimmung des ökonomischen Kapitalbedarfs auf Gesamtbankebene dienlich ist, sei an dieser Stelle dahingestellt.

---

[253] Vgl. Barth (2010), S. 125.
[254] Vgl. Basel Committee on Banking Supervision (2008), S. 21.
[255] Vgl. Basel Committee on Banking Supervision (2008), S. 21-22.
[256] Vgl. Basel Committee on Banking Supervision (2008), S. 22.
[257] Vgl. Wehn (2008a), S. 232.

3.3.6 Wahl des zu betrachtenden Zeithorizonts

Ebenso wie die Wahl des Konfidenzniveaus ist auch die Wahl des im ökonomischen RTF-Konzept betrachteten Zeithorizonts entscheidend für den Nutzen, der aus dem RTF-Konzept für die Geschäfts- und Risikosteuerung gezogen werden soll. Konkret ist unter dem zu betrachtenden Zeithorizont die Zeitspanne zu verstehen, für welche die Entwicklung bestimmter Risikofaktoren und damit die Entwicklung bestimmter Einzelrisiken oder auch des ökonomischen Kapitals auf Gesamtbankebene betrachtet bzw. prognostiziert wird.[258] Der gewählte Zeithorizont orientiert sich dabei häufig an den für einzelne Geschäfts- oder Risikobereiche verwendeten Planungs- und Steuerungszyklen einer Bank oder aber an regulatorischen Vorgaben zur Messung bestimmter Risiken nach Säule 1 von Basel II, wie etwa bei der Bestimmung des Anrechnungsbetrages für Marktpreisrisiken, wo ein standardisierter Betrachtungszeitraum (unterstellte Haltedauer einer Finanzposition) von 10 Handelstagen zu berücksichtigen ist.[259] Obwohl sich für die meisten Risikoarten ein Betrachtungszeitraum von einem Jahr quasi als Standard durchgesetzt hat, ist eine parallele Verwendung unterschiedlicher Betrachtungszeiträume für unterschiedliche Risiken dennoch nicht ungewöhnlich. Insbesondere im Bereich des Marktrisikos werden häufig Betrachtungszeiträume von 10 Handelstagen (siehe oben) verwendet.

Sofern unterschiedliche Betrachtungszeiträume für die Ermittlung unterschiedlicher Einzelrisiken verwendet werden, stellt sich auch hier wieder das Problem der Konsistenz bei der Aggregation der Einzelrisiken zum ökonomischen Kapitalbedarf auf Gesamtbankebene, in der meist eine 1-Jahres-Sicht verwendet wird.[260] Zur Umskalierung der Einzelrisiken auf einen einheitlichen Betrachtungszeitraum existieren, abhängig von den jeweiligen mathematisch-statistischen Eigenschaften der Verteilungsannahmen, die der Risikoermittlung zu Grunde gelegt wurden, unterschiedliche Möglichkeiten und Verfahren. Beispielhaft sei hier die zur Umskalierung des Marktrisikos häufig verwendete Wurzel-Zeit-Regel erwähnt. Durch sie wird etwa ein auf den Zeitraum von einem Tag berechneter Marktrisiko-VaR mittels eine schlichte Multiplikation mit $\sqrt{\frac{250}{1}}$ (bei unterstellten 250 Handelstagen in einem Jahr) auf ein 1-jähriges Risiko aufskaliert. Dabei ist zu beachten, dass die Methode nur eine grobe Näherung gegenüber den durch deutlich aufwendigere Berechnungsmethoden möglichen Ergebnis-

---

[258] Siehe dazu auch die entsprechenden Ausführungen in Abschnitt 3.3.4.1.
[259] Vgl. Wehn (2008a), S. 236-237.
[260] Vgl. Basel Committee on Banking Supervision (2008), S. 22.

sen darstellt und implizit die Berücksichtigung einer Reihe von Modellannahmen unterstellt.[261]

3.4. Spezielle Modellansätze zur Quantifizierung wesentlicher Einzelrisiken und des ökonomischen Kapitals

3.4.1 Möglichkeiten zur Quantifizierung des Marktrisikos

Zur Berechnung des ökonomischen Kapitalbedarfs für das Marktrisiko (einschließlich des Zinsänderungsrisikos im Anlagebuch) nutzen die meisten und insbesondere die großen und international tätigen Banken eigene Modelle. Die weit überwiegende Mehrheit nutzt dabei Modelle, die auf dem Abschnitt 3.3.4 dargestellten VaR-Konzept bzw. den drei dargestellten Methoden zur VaR-Ermittlung basieren.[262]

Weil die Mehrheit der im Marktrisikobereich betrachteten Risiken zumindest annähernd eine symmetrische Gewinn- und Verlustverteilung aufweist und viele der relevanten Risikofaktoren zumindest annähernd normalverteilt erscheinen, wird bei der Ermittlung des VaR (auf Einzel- wie auch auf Portfolioebene) häufig eine Normalverteilung unterstellt.[263] Schon aus diesem Grund können und werden in der Praxis alle drei vorgestellten Methoden zur VaR-Ermittlung genutzt.[264]

Eine wesentliche Herausforderung liegt bei der Verwendung aller drei VaR-Modelle jedoch stets darin, über eine möglichst große und statistisch valide bzw. qualitativ hochwertige Datengrundlage (Marktdaten) zu verfügen. Dabei ist sowohl die Auswahl der richtigen bzw. der für den jeweiligen Risikofaktor relevanten Marktdaten, als auch ihre technisch und statistisch fehlerfreie Aufbereitung von entscheidender Bedeutung für die Qualität und Validität der späteren Risikomessung.[265] Dies gilt im Besonderen deshalb, weil zumindest für die Varianz-Kovarianz-Analyse und die Monte-Carlo-Simulation auch die zwischen den

---

[261] Vgl. Wehn (2008a), S. 237-239.
[262] Vgl. Deutsche Bundesbank (2007), S. 64.
[263] Vgl. Hänselmann / Wilderotter (2008), S. 165.
[264] Vgl. Hänselmann / Wilderotter (2008), S. 169.
[265] Vgl. Wehn (2008b), S. 34.

Risikofaktoren bestehenden Korrelationen auf Basis historischer Marktdaten geschätzt werden müssen.[266]

Häufige Risikoparameter, die im Rahmen der Varianz-Kovarianz-Analyse und der historischen Simulation betrachtet und im Rahmen der Monte-Carlo-Simulation modelliert werden sind beispielsweise:

- Kursentwicklungen bzw. stetige Renditen von Marktpreisen
  (z. B. Aktienkurse, Rohwarenpreise, etc.)
- Volatilitäten der Marktpreisveränderungen
  (Sie sind auf Grund der Optionspreistheorie von Black-Scholes besonders im Bereich der derivativen Finanzinstrumente wichtig.[267])
- Veränderungen allgemeiner Zinskurven
  (Laufzeitabhängiger Verlauf der risikofreien Zinsstruktur)
- Veränderungen von Credit-Spreads
  (Differenz zwischen einer risikobehafteten Zinskurve und der risikofreien Zinskurve)[268]

Typische Veränderungen dieser Risikofaktoren sind in der nachfolgenden Abbildung schematisch dargestellt.

---

[266] Vgl. Frohböse (2008), S. 263.
[267] Vgl. Hull (2006), S. 357-365.
[268] Vgl. Auer (2004), S. 7.

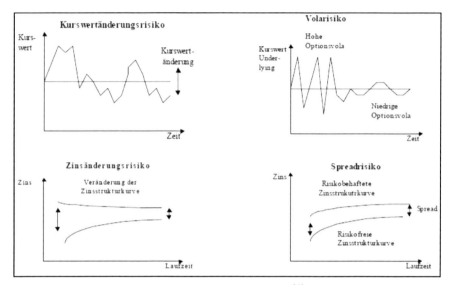

Abb. 28: Beispiele für Risikofaktoren im Marktrisikobereich[269]

Nachdem der VaR für einzelne Finanzpositionen oder für Portfolien gleichartiger Finanzpositionen mit Hilfe einer der drei in Kapital 3.3.4 vorgestellten Methoden bestimmt wurde, müssen diese Einzel-VaR's zu einem Gesamt-VaR für das Marktrisiko einer Bank zusammengefasst werden. Dabei ist wegen der nicht gegebenen Subadditivität des VaR darauf zu achten, dass die Werte nicht durch einfache Addition zusammengefasst werden können. Vielmehr sind auch hier wieder Korrelationseffekte zwischen den in den Einzelportfolien betrachteten Risiken (z. B. Wertänderung USD in Portfolio A, Wertänderung CHF in Portfolio B und Wertänderung Goldpreis in Portfolio C) zu ermitteln und anschließend durch entsprechende Modelle zu berücksichtigen. Die sich daraus ergebende Komplexität bei der Zusammenfassung aller betrachteten Einzelrisiken bzw. der Berücksichtigung aller zwischen den jeweils betrachteten Risikofaktoren bestehenden Korrelationen ist alles andere als trivial und stellt für die Institute eine, wenn nicht sogar die entscheidende Herausforderung bei der Bestimmung des gesamtbankbezogenen Marktrisikos dar.[270]

Ergänzend zur (normalen) VaR-Ermittlung verwenden fast alle Institute Simulationsrechnungen für Extrem- bzw. Stress-Szenarien, um auch solche potentiellen Marktbewegungen in ihrem Marktrisikomodell berücksichtigen zu können, für die kaum historische Daten verfüg-

---

[269] Vgl. Auer (2004), S. 7.
[270] Vgl. Frohböse (2008), S. 266.

bar sind. Dabei gilt es auch stets die empirisch beobachtbaren Effekte zu modellieren, dass sich die unterstellten Korrelationen zwischen den Risikofaktoren in Krisenzeiten stark verändern und die Finanzmärkte gleichzeitig (trotz deutlich sinkender Marktpreise) nur noch über eine sehr eingeschränkte Liquidität verfügen.[271]

Nur sehr wenige Banken ermitteln ihr potentielles Marktrisiko allein auf Basis von Simulationen spezieller Stress-Szenarien.[272] Bei dieser Art der Marktrisiko-Ermittlung ist, wie auch im VaR-Modell, zunächst ein bestimmter Betrachtungshorizont zu definieren. Eine Aussage über Eintrittswahrscheinlichkeiten ist bei der ausschließlichen Verwendung von Stress-Tests jedoch a priori nicht möglich und muss über Expertenschätzungen oder empirische Untersuchungen getroffen werden.[273] Auf die einzelnen Möglichkeiten zur Bestimmung des ökonomischen Kapitals für das Marktrisiko unter alleiniger Verwendung von Stress-Szenarien wird auf Grund der fehlenden Praxisrelevanz an dieser Stelle jedoch nicht weiter eingegangen.

Bei den verwendeten VaR-Modellen wird (wahrscheinlich in Anlehnung an die regulatorischen Anforderungen zur Ermittlung des Anrechnungsbetrages für Marktrisiken nach Säule 1 von Basel II) häufig ein Betrachtungshorizont von einem oder zehn Handels- bzw. Geschäftstagen und ein Konfidenz-niveau von 99 % zu Grunde gelegt. Zur Verwendung im Rahmen des RTF-Konzeptes muss dieser Wert somit meist auf einen einjährigen Betrachtungshorizont und das im RTF-Konzept zu Grunde gelegte Konfidenzniveau (z. B. 99,97 % für ein „AA"- Rating einer externen Ratingagentur) hochskaliert werden.[274] Einzelne Banken skalieren den Betrachtungshorizont allerdings lediglich auf den Zeitraum hoch, den sie selbst für notwendig erachten, um ihr Gesamtportfolio bzw. alle für das Marktrisiko relevanten Positionen zu eliminieren oder vollständig gegenüber weiteren Marktwertveränderungen zu hedgen. Dieser Vorgehensweise liegt die Überlegung zu Grunde, dass aus einem vollständig abgewickelten Portfolio bzw. aus geschlossenen Positionen kein weiteres Risiko mehr resultiert. Die Hochskalierung des VaR auf einen Betrachtungshorizont von einem Jahr würde das Risiko nach dieser Argumentation deutlich überzeichnen. Wie nachhaltig oder realistisch diese beiden Annahmen jedoch in Krisenzeiten sind ist kritisch zu hinterfragen.[275]

---

[271] Vgl. Auer (2002), S. 24.
[272] Vgl. Deutsche Bundesbank (2007), S. 64.
[273] Vgl. Gehrmann / Kaufmann (2006), S. 345.
[274] Vgl. Deutsche Bundesbank (2007), S. 64.
[275] Vgl. Deutsche Bundesbank (2007), S. 64.

Eine sehr einfache Möglichkeit zur Hochskalierung eines angenommenen 10-Tages VaR mit einem Konfidenzniveau von 99 % auf einen 1-Jahres VaR mit einem Konfidenzniveau von 99,97 % wird nachfolgend zum besseren Verständnis beispielhaft dargestellt. Analoge oder zumindest ähnliche Vorgehensweisen kommen auch bei der Bestimmung des ökonomischen Kapitals für andere Risikoarten zum Einsatz.

Beispiel:

Unter der Voraussetzung, dass alle der VaR-Ermittlung bzw. der geschätzten Gewinn- und Verlustverteilung zu Grunde liegenden Risikofaktoren multivariat normalverteilt sind, die Preisfunktion linear ist und die einbezogenen Risikofaktoren paarweise stochastisch unabhängig sind, kann die „Wurzel-Zeit-Regel" (siehe auch Abschnitt 3.3.6) zur Hochskalierung des Betrachtungshorizonts genutzt werden.[276] -> $\sqrt{\frac{250}{10}}$

Zur Hochskalierung des Konfidenzniveaus kann bei Unterstellung einer Standardnormalverteilung das Verhältnis der entsprechenden Z-Werte als Faktor verwendet werden. Für 99 % ergibt sich ein Z-Wert von 2,3263 und für 99,97 % ergibt sich ein Z-Wert von 3,4316. -> $\frac{3,4316}{2,3263} = 1,4751 \cong 1,5$

Insgesamt ergäbe sich somit:

$$EC_{M,250,99,97\%} = VaR_{M,250,99,97\%} = VaR_{M,10,99\%} \times \sqrt{\frac{250}{10}} \times \frac{3,4316}{2,3263}$$

mit: $EC_{M,250,99,97\%}$ =   Ökonomisches Kapital für Marktrisiken, bezogen auf einen Betrachtungshorizont von einem Jahr und einem Konfidenzniveau von 99,97 %

       $VaR_{M,250,99,97\%}$ =   Value-at-Risk für Marktrisiken, bezogen auf einen Betrachtungshorizont von einem Jahr und einem Konfidenzniveau von 99,97 %

       $VaR_{M,10,99\%}$ =   Value-at-Risk für Marktrisiken, bezogen auf einen Betrachtungshorizont von 10 Geschäftstagen und einem Konfidenzniveau von 99 %

Weil der sich letztlich ergebende VaR einen potentiellen Verlust am Ende der Betrachtungsperiode darstellt, muss dieser noch durch Diskontierung (z. B. mit dem risikofreien Zinssatz) zu einem Barwert umgewandelt werden, sofern insgesamt eine barwertige Betrachtung der Risikotragfähigkeit[277] verwendet wird. -> ggf. $\times (1 + Diskontierungszins)^{-1}$ [278]

---

[276] Vgl. Gehrmann / Kaufmann (2006), S. 345.
[277] Unter einer barwertige Betrachtung der Risikotragfähigkeit ist hier eine barwertige Ermittlung und Gegenüberstellung von RDP und ökonomischem Kapital zu verstehen.
[278] Vgl. Schulte-Mattler / Manns (2010), S. 94-95.

3.4.2 Häufige Modellansätze zur Quantifizierung des Kreditrisikos

Das Kreditrisiko stellt für die meisten Banken die mit Abstand größte Einzelkomponente des ökonomischen Kapitals dar. Zur Messung des Kreditrisikos werden überwiegend Kreditrisikomodelle eingesetzt, die neben Bonitätsveränderungen und Ausfallwahrscheinlichkeiten auch die zwischen den Schuldnern ggf. bestehenden Abhängigkeiten durch entsprechende Korrelationsannahmen berücksichtigen. Die Mehrzahl der Banken verwendet dazu entweder unmittelbar eines der in der Fachliteratur bekannten Kreditrisikomodelle externer Anbieter („CreditRisk+" von Credit Suisse, „PortfolioManager" von Moody's KMV, „CreditMetrics" von JP Morgan oder „CreditPortfolio View" von McKinsey & Company) oder sie entwickeln eigene Modelle, die jedoch auch fast immer auf den vorgenannten Standard-Modellen basieren.[279]

Zur Bestimmung des ökonomischen Kapitalbedarfs wird auch im Kreditrisikobereich ausschließlich der unerwartete Verlust berücksichtigt. Um diesen zu ermitteln verwenden die Banken fast ausnahmslos den VaR, der hier auch oft als Credit-VaR (kurz: C-VaR) bezeichnet und häufig unmittelbar auf das für das externe Zielrating der Bank erforderliche Konfidenzniveau (z. B. 99,97 % für ein „AA"-Rating[280]) sowie einen einjährigen Betrachtungshorizont kalibriert wird.[281] Ein Hochskalieren des VaR in Bezug auf das Konfidenzniveau oder den Betrachtungshorizont ist deshalb (anders als im Bereich des Marktrisikos) meist nicht erforderlich, um das Kreditrisiko in das gesamtbankbezogene RTF-Konzept integrieren zu können. Sofern im RTF-Konzept eine barwertige Gegenüberstellung von ökonomischem Kapital und RDP erfolgen soll, ist jedoch (analog zum Marktrisikobereich) auch hier eine Verbarwertung bzw. eine Abdiskontierung des sich aus der Differenz von C-VaR und erwartetem Verlust (EL) am Ende des Betrachtungshorizonts ergebenden unerwarteten Verlusts (UL) bzw. des ökonomischen Kapitals für das Kreditrisiko vorzunehmen.

---

[279] Vgl. Deutsche Bundesbank (2007), S. 63.
[280] Vgl. Schulte-Mattler / Manns (2010), S. 92.
[281] Vgl. Deutsche Bundesbank (2007), S. 63.

Beispielhaft ergäbe sich das barwertige ökonomische Kapital für das Kreditrisiko hier wie folgt:

$$EC_{K,250,99,97\%} = \left(CVaR_{K,250,99,97\%} - EL\right) \times (1 + Diskontierungszins)^{-1}$$

mit: $EC_{K,250,99,97\%}$ = Ökonomisches Kapital für das Kreditrisiko, bezogen auf einen Betrachtungshorizont von einem Jahr und einem Konfidenzniveau von 99,97 %

$CVaR_{K,250,99,97\%}$ = Value-at-Risk für Kreditrisiken, bezogen auf einen Betrachtungshorizont von einem Jahr und einem Konfidenzniveau von 99,97 %

EL = Erwarteter Verlust aus Kreditrisiken, bezogen auf einen Betrachtungshorizont von einem Jahr

Der wesentliche Unterschied zwischen der regulatorisch vorgegebenen Kreditrisikobestimmung zur Eigenmittelunterlegung nach Säule 1 von Basel II und der internen Kreditrisikobestimmung für ökonomische RTF-Konzepte nach Säule 2 von Basel II besteht darin, dass im Rahmen der internen Kreditrisikomodelle explizit Korrelationen und Konzentrationen im Kreditportfolio (z. B. in Bezug auf Einzelkreditnehmer, Branchen oder Regionen, etc.) berücksichtigt werden.[282]

Ein für die Methoden zur Berechnung bzw. Schätzung des Kreditrisikos wesentlicher Unterschied zu den Methoden im Marktrisikobereich besteht darin, dass sich die für das Kreditrisiko typische Gewinn- und Verlustverteilung deutlich von der für das Marktrisiko typischen und häufig zumindest approximativ verwendeten, symmetrischen Normalverteilung unterscheidet. Die Verteilung des Kreditrisikos weist eine deutliche „Schiefe" (man spricht hier auch von einer „rechtsschiefen" Verteilung) auf.[283] Die Möglichkeit einer Gewinnrealisierung oberhalb des Erwartungswertes aller Kreditrisiken ist stark begrenzt. Dem gegenüber erstrecken sich die potentiellen Verluste meist über ein relativ breites Spektrum. Die nachfolgende Abbildung veranschaulicht diesen Zusammenhang.

---

[282] Vgl. Deutsche Bundesbank (2007), S. 63.
[283] Vgl. Schierenbeck / Lister / Kirmße (2008), S. 156.

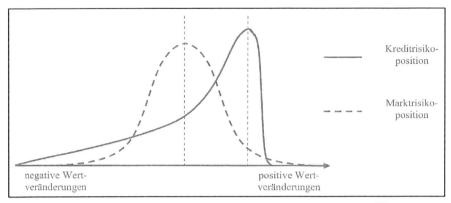

Abb. 29: Typische Dichteverteilung von Markt- und Kreditrisiken im Vergleich[284]

Weil die Unterstellung einer Normalverteilungsannahme deshalb offensichtlich nicht zielführend ist, werden zur Bestimmung des Kreditrisikos überwiegend Simulationsmodelle (wie z. B. historische Simulation oder Monte-Carlo-Simulation) verwendet, mit deren Hilfe Kreditrisiken bestimmt werden können, ohne mit einer expliziten Verteilungsannahme arbeiten zu müssen.[285]

Die wesentlichen Merkmale der vier vorgenannten und in der Praxis oft anzutreffenden Kreditrisikomodelle werden nachfolgend jeweils im Überblick dargestellt.

Gemeinsam ist den Modellen zunächst, dass sie alle
- darauf abzielen unerwartete (Kredit-) Verluste zu messen,
- sich jeweils explizit auf die Betrachtung des gesamten Kreditportfolios beziehen und somit
- Korrelations- und Diversifikationseffekte berücksichtigen.[286]

Die Modelle unterscheiden sich jedoch hinsichtlich der ihnen zu Grunde liegenden Risikoauffassung.[287] Die Modelle „CreditRisk+"[288] und „PortfolioManager"[289] zielen im Kern darauf ab, nur das effektive Ausfallrisiko zu quantifizieren, wohingegen die Modelle „CreditMetrics" und „CreditPortfolio View" darauf abzielen das Kreditrisiko auf Basis von Markt-

---

[284] Vgl. Zurek (2009), S. 70.
[285] Vgl. Schierenbeck / Lister / Kirmße (2008), S. 156.
[286] Vgl. Schierenbeck / Lister / Kirmße (2008), S. 158.
[287] Vgl. Geiersbach / Prasser (2010), S. 215.
[288] Vgl. Schierenbeck / Lister / Kirmße (2008), S. 161.
[289] Vgl. Ott (2000), S. 92.

wertverlusten zu quantifizieren, die allein schon aus Bonitätsveränderungen eines oder mehrerer Schuldner resultieren.[290]

CreditRisk+

"CreditRisk+" ist ein Modell, das einen versicherungsmathematischen Ansatz zur Bestimmung des potentiellen unerwarteten Verlustes eines Kreditportfolios, unter Berücksichtigung eines bestimmten Konfidenzniveaus (z. B. 99,97 %) und eines bestimmten Zeithorizonts (z. B. ein Jahr) verwendet. Wie oben bereits angemerkt, betrachtet das portfoliobezogene Kreditrisikomodell dabei ausschließlich Ausfallereignisse[291] und keine Bonitätsveränderungen.[292]

Zur Bestimmung des unerwarteten Verlustes benötigt das Modell lediglich die folgenden fünf Arten von Inputdaten:

- Kredit-Exposure bei Ausfall
  (auch als „Exposure at Default" (EAD) bezeichnet)
- Rückzahlungsquote bei Ausfall
  (auch als „Recovery Rate" bezeichnet)
- erwartete Ausfallrate
  (auch als „Probability at Default" (PD) bezeichnet
- Volatilität der Ausfallraten
- Ausfallkorrelationen im Portfolio[293]

Aus dem nachfolgend dargestellten Schema wird deutlich, dass das Modell zunächst den erwarteten Verlust des Kreditportfolios (z. B. unter Verwendung externer oder interner Ratings, die jeweils eine bestimmte Ausfallwahrscheinlichkeit implizieren) bestimmt. Im Anschluss daran wird der erwartete Portfolioverlust von dem mit einem vorgegebenen Konfidenzniveau maximal zu erwartenden Portfolioverlust subtrahiert, so dass sich eine Wahrscheinlichkeitsverteilung der unerwarteten Portfolioverluste ergibt.[294]

---

[290] Vgl. Schierenbeck / Lister / Kirmße (2008), S. 173-174.
[291] Vgl. Wahrenburg / Niethen (2000), S. 3.
[292] Vgl. Ott (2000), S. 110-111.
[293] Vgl. Schierenbeck / Lister / Kirmße (2008), S. 162.
[294] Vgl. Schierenbeck / Lister / Kirmße (2008), S. 162-163.

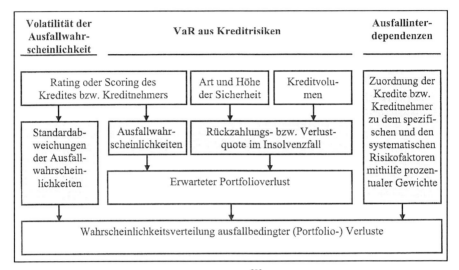

Abb. 30: Schematischer Aufbau von „CreditRisk+"[295]

Um die Wahrscheinlichkeitsverteilung der Kreditverluste zu modellieren nutzt CreditRisk+ eine mit gewissen Anpassungen versehene Poisson-Verteilung, für die wiederum folgende Grundannahmen gelten:

- Die Ausfallwahrscheinlichkeit aller Einzelpositionen im Portfolio sei jeweils sehr klein.
- Die Gesamtzahl der betrachteten Einzelpositionen im Portfolio sei sehr groß.
- Die Anzahl der Ausfälle, die in einer Periode auftreten sei unabhängig von der Anzahl der Ausfälle, die in einer anderen Periode auftreten.[296]

Ohne auf die Details des Modells näher einzugehen lässt sich dennoch sagen, dass CreditRisk+ speziell für große, möglichst homogene und illiquide[297] Portfolien konzipiert wurde und einen relativ pragmatischen Ansatz zur Bestimmung von Portfolioverlusten darstellt, der nur auf relativ wenige Inputdaten angewiesen ist. Gerade die vergleichsweise einfache Vorgehensweise wird dem Modell aber auch oft zum Vorwurf gemacht, denn es lassen sich

---

[295] Vgl. Zurek (2009), S. 94.
[296] Vgl. Ott (2000), S. 110.
[297] Bei illiquiden Portfolien interessieren und existieren meist keine auf Bonitätsver-änderungen beruhenden Marktwertänderungen der enthaltenen Positionen. Die Nicht-berücksichtigung von Bonitätsveränderungen im Modell ist deshalb dort unerheblich.

beispielsweise weder negative Korrelationen, noch konkrete Abhängigkeitsstrukturen erfassen.[298]

PortfolioManager

Das Modell "PortfolioManager" verfolgt, wie das nachfolgend vorgestellte Modell "CreditMetrics", einen sogenannten "Merton-Ansatz",[299] der im Kern auf optionspreistheoretischen Überlegungen (Ausfall eines Kreditnehmers, wenn der Marktwert seiner Aktiva den Buchwert seiner Passiva unterschreitet) basiert.[300] Darüber hinaus stellt das Modell einen gewissen Sonderfall dar, weil über seine genaue Methodik nur wenig bekannt ist. Das Modell bzw. die Software wurde jedoch explizit zur Bestimmung des ökonomischen Kapitals entwickelt.[301]

Bekannt ist allerdings, dass das Modell versucht, mit Hilfe erwarteter Ausfallraten (den sogenannten „expected default frequencies" (EDF)) für die im Portfolio enthaltenen (Einzel-)Kreditnehmer eine Verlustverteilung für das Kreditportfolio insgesamt zu generieren. Der EDF-Ermittlung liegt dabei die Überlegung zu Grunde, dass die Ausfallwahrscheinlichkeit eines Unternehmens besonders vom Verhältnis zwischen dem Marktwert des Unternehmens und seinen Verbindlichkeiten determiniert wird. Sofern keine Marktwerte vorhanden sind (etwa bei nicht börsennotierten Unternehmen) wird ein optionspreistheoretischer Zusammenhang zwischen dem Gesamtwert der Aktiva und dem Marktwert des Unternehmens genutzt, der besagt, dass der Marktwert eines Unternehmens dem Wert seines Eigenkapitals zum Zeitpunkt t entspricht, wenn man unterstellt, dass in t alle Verbindlichkeiten des Unternehmens fällig sind.[302]

Die nachfolgende Abbildung verdeutlicht den Zusammenhang zwischen dem Marktwert eines Unternehmens und der EDF-Ermittlung.

---

[298] Vgl. Ott (2000), S. 114.
[299] Vgl. Wahrenburg / Niethen (2000), S. 4.
[300] Vgl. Gehrmann / Kaufmann (2006), S. 343.
[301] Vgl. Ott (2000), S. 92.
[302] Vgl. Ott (2000), S. 92.

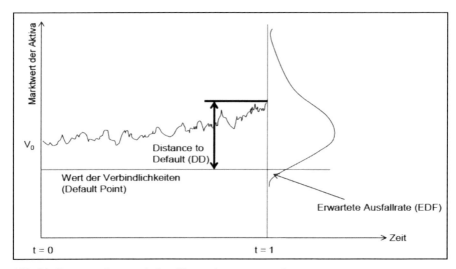

Abb. 31: Zusammenhang zwischen Unternehmenswert und erwarteter
Ausfallrate (EDF) in „PortfolioManager"[303]

Zur Ermittlung der Ausfallwahrscheinlichkeiten verwendet das Modell eine Variation der Optionspreisformel nach Black-Scholes.[304] Zur konkreten Schätzung werden dabei folgende Parameter benötigt:

- gegenwärtiger Marktwert des Unternehmens (V_0)
- erwartete relative Veränderungsrate des Marktwertes
- Volatilität der relativen Marktwertveränderungen
- Höhe der in t_x als fällig angenommenen Verbindlichkeiten.

Interpretiert man Aktien dabei als Kaufoptionen auf den Wert des Eigenkapitals eines Unternehmens, dann lässt sich sowohl ein Zusammenhang zwischen dem Gesamtwert der Aktien und dem Unternehmenswert, als auch zwischen der Volatilität der Aktienrendite und der Volatilität der interessierenden Unternehmenswertveränderung aus der Black-Scholes-Formel ableiten. Diesen Zusammenhang nutzt das Modell, um auf Basis von beobachtbaren Aktienkursen Rückschlüsse auf die in der Praxis nicht unmittelbar vorhandenen Angaben zum aktuellen Marktwert eines Unternehmens oder der Volatilität seiner relativen Marktwertver-

---

[303] Vgl. Daldrup, Andre (2003), S. 43.
[304] Vgl. Hull (2006), S. 357-365.

änderung abzuleiten. Wie die erwartete relative Veränderung des Marktwertes im Modell genau ermittelt wird, ist nicht bekannt.[305]

Eine besondere Stärke des Modells liegt zweifelsohne darin, dass es auf Grund seiner Verknüpfung zu aktuellen Marktdaten bzw. Aktienkursen von Unternehmen deutlich schneller auf die in den Kursen enthaltene Bonitätsänderungen reagieren kann, als beispielsweise Modelle, die externe Ratings als Ausfallwahrscheinlichkeitsindikator nutzen.[306] Diesem Vorteil steht nachteilig gegenüber, dass durch die Schätzung von an sich nicht beobachtbaren Modellparametern eine Kontrolle der Schätzgenauigkeit des Modells nur sehr bedingt möglich ist. Speziell die Ableitung der Korrelation von Unternehmenswertveränderungen über die Korrelation der jeweiligen Aktienrenditen kann zu Verzerrungen führen, die sich nachteilig auf die Validität der geschätzten gemeinsamen Ausfallwahrscheinlichkeiten auswirken können. Hinzu kommt, dass auch dieses Modell letztlich nur zwischen den Kreditereignissen Ausfall und Nichtausfall unterscheidet und sich nur für die Verwendung in einem Portfolio mit überwiegend börsennotierten Unternehmen eignet.[307]

CreditMetrics

Gegenüber den beiden vorgenannten Modellen zielt "CreditMetrics" darauf ab, das aus kreditnehmerbezogenen Ereignissen (Bonitätsveränderungen der Schuldner) herrührende (Marktwert-)Verlustrisiko in einem Kreditportfolio zu bestimmen.[308] Die Risikoquantifizierung im Modell lässt sich dabei grob in drei Schritten zusammenfassen:

- Zunächst wird das tatsächliche bzw. effektive Exposure (Marktwert) aller Finanzinstrumente im Kreditportfolio bestimmt. Dabei wird zwischen Instrumenten mit einem relativ stabilen Exposure (z. B. Floating Rate Note, dessen Marktwert immer nahe pari ist) und solchen mit einem marktabhängig variablen Exposure (z. B. festverzinsliche Anleihen) unterschieden. Jede Einzelposition des Portfolios wird dabei einer Ratingklasse zugeordnet.[309]
- In dem nun folgenden und für das Modell wesentlichen Schritt werden für jede Position des Portfolios bzw. für jedes einzelne Finanzinstrument potentielle (Markt-)Wertänderungen in Folge einer eventuellen Ratingänderung (Up- und Downgrades bis

---
[305] Vgl. Ott (2000), S. 93.
[306] Vgl. Ott (2000), S. 95.
[307] Vgl. Ott (2000), S. 103.
[308] Vgl. Schierenbeck / Lister / Kirmße (2008), S. 174.
[309] Vgl. Wahrenburg / Niethen (2000), S. 5.

hin zum Default) berechnet.[310] Jeder möglichen Wanderungsbewegung (auch „Migration" genannt) wird dabei eine individuelle Wahrscheinlichkeit (die sogenannte „Migrationswahrscheinlichkeit") zugeordnet. Die Migration eines Schuldners in eine andere Ratingklasse hat zu Folge, dass der dem Kreditgeschäft zu Grunde liegende, zukünftige Zahlungsstrom mit einer anderen (der neuen Rating-Klasse entsprechenden) Zinsstrukturkurve diskontiert bzw. bewertet werden muss, um daraus den neuen Marktwert bzw. das neue Exposure zu erhalten.[311]

- Im letzten Schritt werden die Bonitätsveränderungen bzw. Migrationsannahmen bezüglich der einzelnen Schuldner zu einer aggregierten Portfoliovolatilität zusammengefasst, aus der schließlich ein Value-at-Risk für das gesamte Kreditportfolio mit einem bestimmten Konfidenzniveau und einem bestimmten Zeithorizont ermittelt werden kann.[312]

Die nachfolgende Abbildung stellt den Aufbau von „CreditMetrics" schematisch dar.

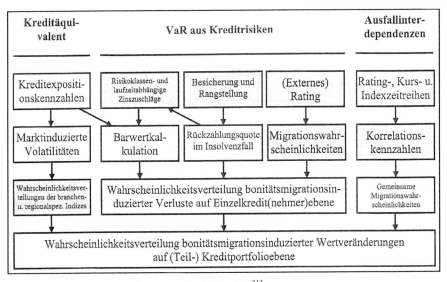

Abb. 32: Schematischer Aufbau von „CreditMetrics"[313]

---

[310] Vgl. Wahrenburg / Niethen (2000), S. 10.
[311] Vgl. Ott (2000), S. 97-99.
[312] Vgl. Schierenbeck / Lister / Kirmße (2008), S. 174.
[313] Vgl. Zurek (2009), S. 105.

Insgesamt stellt „CreditMetrics" einen in sich konsistenten Ansatz zur Schätzung des Kreditrisikos (von einer Bonitätsveränderung bis hin zum Ausfall) dar. Dadurch ist es (zumindest in der Theorie) möglich, die tatsächliche ökonomische Wertänderung und das ökonomische Risiko eines Kreditportfolios zu bestimmen. Voraussetzung dafür ist allerdings, dass sowohl die verwendeten Ratings der einzelnen Kreditnehmer, als auch die verwendeten Migrationswahrscheinlichkeiten und die angenommenen Korrelationen im Portfolio hinreichend genau und aktuell sind bzw. dass insgesamt eine hohe Datenqualität verfügbar ist.[314]

CreditPortfolio View

„CreditPortfolio View" stellt ebenfalls ein auf potentiellen Bonitäts- bzw. Ratingmigrationen basierendes Kreditrisikomodell dar.[315] Für gehandelte Positionen berücksichtigt es ebenso wie „CreditMetrics" Ratingklassenwechsel bis hin zum Ausfall. Für nicht gehandelte Positionen berücksichtigt es allerdings nur das reine Kreditausfallrisiko. Der gravierendste Unterschied zu „CreditMetrics" besteht jedoch darin, dass „CreditPortfolio View", quasi als Weiterentwicklung des Ratingmigrationsansatzes, auch explizit äußere, makroökonomische Einflüsse auf die Ausfallwahrscheinlichkeit bzw. das Ausfall- und Migrationsverhalten berücksichtigt.[316] Die entsprechenden makroökonomischen Komponenten werden dabei mit Hilfe einer multivariaten Diskriminanzanalyse identifiziert[317] und schließlich mit einem Multi-Faktor-Regressionsmodell in durchschnittliche konjunkturabhängige Ausfallwahrscheinlichkeiten für einzelne Branchen- und Ländersegmente überführt und als nicht diversifizierbare, systematische Kreditrisikokomponente mit berücksichtigt.[318]

Die nachfolgende Abbildung stellt den Aufbau von „CreditPortfolio View" schematisch dar.

---

[314] Vgl. Ott (2000), S. 102-104.
[315] Vgl. Zurek (2009), S. 119.
[316] Vgl. Geiersbach / Prasser (2010), S. 215.
[317] Vgl. Schierenbeck / Lister / Kirmße (2008), S. 183.
[318] Vgl. Ott (2000), S. 104-105.

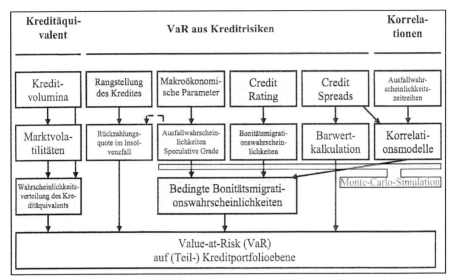

Abb. 33: Schematischer Aufbau von „CreditPortfolio View"[319]

Die beiden folgenden Schaubilder fassen die wesentlichen Merkmale und Unterschiede der vorgestellten Modelle abschließend zusammen.

---

[319] Vgl. Zurek (2009), S. 121.

	Aktuarischer Ansatz (CreditRisk+)	Ökonometrischer Ansatz (CreditPortfolio View™)	Merton Ansatz (KMV Portfolio Manager™; CreditMetrics™)
Modellierung des Kreditereignisses zum Beispiel Ausfall eines Kreditnehmers	Ausfall eines Kreditnehmers als Zufallsvariable modelliert	Ausfallrate als Funktion von makroökonomischen Faktoren wie Konjunkturdaten	Bewertung des Kreditnehmers über das Merton-Modell: Ausfall des Kreditnehmers, falls der Wert der Aktiva kleiner als der Wert der Passiva ist
Modellierung der Korrelationen zwischen den Kreditereignissen verschiedener Kreditnehmer	Ausfallkorrelationen zwischen Kreditnehmern implizit über die Volatilität der Ausfallraten enthalten	Kreditereigniskorrelationen zwischen Kreditnehmern implizit über die Kovarianzen zwischen den makroökonomischen Faktoren enthalten	Kreditereigniskorrelationen zwischen Kreditnehmern durch die Korrelationen zwischen ökonomischen Faktoren enthalten, auf welche die einzelnen Assets abgebildet werden.
Umsetzung des Modells	Analytischer Ansatz das heißt keine Monte-Carlo-Simulationen notwendig	Monte-Carlo-Simulationen	Monte-Carlo-Simulationen
Vorteile	Einfachheit und schnelle Berechnung. Günstiges Aufwand-Nutzen Verhältnis bei Implementierung für Kreditrisiko-Managementtools, insbesondere von Ex-Ante Simulationen	Modellierung aller Kreditereignisse möglich	Modellierung aller Kreditereignisse möglich
Nachteile	Modellanpassungen notwendig zur Berücksichtigung aller möglichen Kreditereignisse wie Ratingmigrationen Bestimmung der Ausfallkorrelationen	Aufwendige Simulationen und Bestimmung der makroökonomischen Faktoren	Aufwendige Simulationen und Schätzung vielfältiger Eingangsparameter wie zum Beispiel der Kreditereigniskorrelationen

Abb. 34: Vor- und Nachteile unterschiedlicher Kreditrisikomodelle[320]

---

[320] Vgl. Gehrmann / Kaufmann (2006), S. 343.

Vergleichskriterium	Kreditrisikomodelle		
	CreditRisk+™	CreditMetrics™	CreditPortfolioView™
Konzeption			
• Initiator	Credit Suisse Financial Products (1997)	J.P. Morgan (1997)	McKinsey & Company (1997)
• Methodische Grundlagen	Etablierte Methodik der Versicherungsmathematik	Etablierter Ansatz der Statistik / Versicherungsmathematik	Etablierter statistischer Ansatz
Technische Implementierbarkeit			
• Software	Kostenloses und standardisiertes Excel-Tool	CreditManager™	CreditPortfolioView™
• Datenanforderungen	Relativ gering	Relativ hoch	Relativ hoch
Akzeptanz	Relativ hoch	Relativ hoch	Relativ niedrig
Flexibilität	• Einfache / schnelle Analysen und Adaptionen • Sehr schnelle Rechengeschwindigkeit	• Flexibilität durch Eingangsparameter • Sehr langsame Rechengeschwindigkeit wegen Monte-Carlo-Simulation	• Modellierung und Parametrisierung sehr flexibel • Sehr langsame Rechengeschwindigkeit wegen Monte-Carlo-Simulation
Wirtschaftlichkeit	Implementierungs- und Umsetzungsaufwand relativ gering	Implementierungs- und Umsetzungsaufwand mittel bis hoch	Implementierungs- und Umsetzungsaufwand relativ hoch

Abb. 35: Vergleich der häufigsten Kreditrisikomodelle[321]

Ergänzende und tiefergehende Informationen zu den vorgestellten Kreditrisikomodellen finden sich in folgende Quellen:

- Schierenbeck / Lister / Kirmße (2008), 154-193.
- Ott (2000), 63-118.
- Zurek (2009), 84-148.

3.4.3 Verbreiteter Modellansatz zur Quantifizierung des operationellen Risikos

Während Banken sich bereits seit Langem mit Methoden zur Quantifizierung von Markt- und Kreditrisiken beschäftigen, ist die Quantifizierung von operationellen Risiken für die meisten Banken noch eine relativ junge Disziplin.[322] Obwohl während der Konsultationsphase von

---

[321] Vgl. Schierenbeck / Lister / Kirmße (2008), S. 193.
[322] Vgl. Deutsche Bundesbank (2007), S. 64.

Basel II noch unterschiedlichste Modellansätze zur Quantifizierung operationeller Risiken diskutiert wurden, nutzen die meisten Institute heute einen mit den vorgestellten Methoden zur Quantifizierung der Markt- und Kreditrisiken vergleichbaren Verlustverteilungsansatz mit Monte-Carlo-Simulation, in Verbindung mit dem Value-at-Risk als Risikomaß, zur Quantifizierung des operationellen Risikos.[323] Vor diesem Hintergrund wird im Folgenden auch nur auf diesen Ansatz eingegangen.

In Anlehnung an die regulatorischen Vorgaben zur Quantifizierung des operationellen Risikos nach Säule 1 von Basel II legen die meisten Banken bei der VaR-Ermittlung auch hier ein Konfidenzniveau von 99,9 % und einen Betrachtungshorizont von einem Jahr zu Grunde.[324] Für die spätere Verwendung des VaR im internen RTF-Konzept der Institute ist somit ggf. wieder eine Umskalierung des VaR auf das für das externe Zielrating der Institute angestrebte Konfidenzniveau (analog dem in Abschnitt 3.4.1 beschriebenen Vorgehen) erforderlich.[325]

Trotz der anzunehmenden Ähnlichkeit mit den Methoden zur Risikoquantifizierung im Markt- und Kreditrisikobereich existieren bei der Quantifizierung operationeller Risiken Besonderheiten und spezielle Herausforderungen. Zunächst ist grundsätzlich festzuhalten, dass sich die typische Verlustverteilung operationeller Risiken in zweierlei Hinsicht deutlich von den aus dem Markt- und Kreditrisikobereich bekannten Verteilungen unterscheidet:

- Alle Verteilungsergebnisse stellen stets Verluste dar. Gewinne werden für operationelle Risiken bislang nicht berücksichtigt.[326] Insofern ist auch der Mittelwert der Verlustverteilung stets ein Verlust größer als null.
- Es handelt sich, ähnlich wie bei Kreditrisiken, um eine deutlich rechtsschiefe Verteilung. Sie weist jedoch im Unterschied zu Kreditrisiken ein wesentlich stärker ausgeprägtes rechtes Ende (den sogenannten „Tail" der Verteilung) auf, welches durch sogenannte „Low Frequency – High Severity Verluste" (Verlustereignisse, die äußerst selten auftreten, dann aber extrem hohe Ausmaße annehmen) geprägt ist. Die den linken Bereich der Verlustverteilung (den sogenannten „Body") prägenden Verlustereignisse werden in diesem Zusammenhang auch als „High Ferquency – Low

---

[323] Vgl. Petry / Bohlender / Kruse / Kunzelmann (2006), S. 4.
[324] Vgl. Lenzmann (2008), S. 291.
[325] Vgl. Schulte-Mattler / Manns (2010), S. 100.
[326] Vgl. Lenzmann (2008), S. 294.

Severity Verluste" (Verlustereignisse, die häufig auftreten aber jeweils keine großen Verluste verursachen) bezeichnet.[327]

Als erwarteter operationeller Verlust, der üblicherweise in der Betriebskostenkalkulation verrechnet und somit nicht durch ökonomisches Kapital abgedeckt werden muss, ist regulär der Mittelwert der Verlustverteilung anzunehmen. Weil dieser bei der stark rechtsschiefen Verteilung jedoch besonders von potentiellen Extremverlusten im Verteilungsende (Tail-Events) beeinflusst wird, kann es vorkommen, dass sich ein Mittelwert bzw. ein erwarteter operationeller Verlust ergibt, der deutlich über dem langjährigen Mittel der tatsächlich beobachteten operationellen Verluste liegt. Aus diesem Grund verwenden einige Institute für die interne Budgetierung und die Kalkulation der Standardrisikokosten nicht den statistisch „sauberen" Mittelwert der Verlustverteilung, sondern nur den Mittelwert der historisch selbst beobachteten Verluste. Das mögliche Auftreten von Extremverlusten wird dadurch faktisch ausgeblendet.[328] Ob diese Vorgehensweise auf lange Sicht sinnvoll ist, bleibt kritisch zu hinterfragen.

Auch bei der Quantifizierung des unerwarteten und deshalb mit ökonomischem Kapital zu unterlegenden operationellen Verlustes stellt die angemessene Berücksichtigung der Tail-Events (Extremverlust-Ereignisse im Verteilungsende) eine besondere Herausforderung dar. Eine minimale Veränderung des intern gewählten Konfidenzniveaus führt wegen des starken Einflusses der Tail-Events auf die Gesamtverteilung schnell zu einer relativ starken Veränderung des ermittelten ökonomischen Kapitalbedarfs.[329]

Die Bestimmung bzw. Schätzung der für die VaR-Ermittlung erforderlichen Verlustverteilung bietet auf Grund der bislang relativ geringen Zahl eigener historischer Verlustdatenreihen der Banken und der darüber hinaus kaum öffentlich verfügbaren Verlustdaten fremder Institute ebenfalls besondere Herausforderungen.[330] Weil wegen der relativ geringen Datenbasis auch die Identifikation eindeutiger Risikofaktoren und eine Bestimmung der zwischen ihnen bestehenden Korrelationen (zumindest bislang) kaum möglich ist, scheiden sowohl die

---

[327] Vgl. Lenzmann (2008), S. 290.
[328] Vgl. Lenzmann (2008), S. 291.
[329] Vgl. Lenzmann (2008), S. 291.
[330] Vgl. Deutsche Bundesbank (2007), S. 64.

historische Simulation, als auch der Varianz-Kovarianz-Ansatz zu Bestimmung des VaR für operationelle Risiken faktisch aus.[331]

Um dem unterschiedlich hohen operationellen Verlustrisiko in verschiedenen Unternehmensbereichen gerecht zu werden, unterteilen die Institute ihren gesamten Geschäftsbetrieb üblicherweise zunächst in einzelne Segmente und betrachten dann innerhalb dieser Segmente wiederum verschiedene Ereigniskategorien für das operationelle Risiko (z. B. IT-Versagen, interner Betrug, etc.).[332] Dadurch entsteht eine Matrix, deren Zellen jeweils ein eigenes Risikoprofil aufweisen.[333]

Zur Schätzung der Schadenverteilung in den einzelnen Segmenten gehen die meisten Institute dann so vor, dass sie auf Basis aller verfügbaren Daten (interner und ggf. auf die Größe eines Instituts angepasster externer Daten) getrennte Verteilungen für die Schadenhäufigkeit und die Schadenhöhe innerhalb des betrachteten Zeithorizonts (meist ein Jahr) schätzen.[334] Dies geschieht unter der Annahme, dass die Schadenhöhenverteilung und die Schadenhäufigkeitsverteilung jeweils unabhängig voneinander sind.[335]

Für die Modellierung der Häufigkeitsverteilung wird dabei oft die auch im Versicherungsbereich häufig genutzte Poisson-Verteilung verwendet,[336] weil ihre Varianz dem Mittelwert entspricht, was den beobachtbaren realen Frequenzverteilungen zumindest grob entspricht und sie sich vergleichsweise einfach handhaben und berechnen lässt. Für die Schätzung der Häufigkeitsverteilung ist es somit ausreichend, den einzigen Parameter der Poisson-Verteilung, den Mittelwert, aus den verfügbaren Daten der zurückliegenden Jahre zu bestimmen.[337]

Zur Modellierung der Schadenhöhenverteilung werden regelmäßig Verteilungen genutzt, die einen besonders ausgeprägten Tail aufweisen, wie etwa die Log-Normalverteilung,[338] die Paretro-Verteilung oder die Loggamma-Verteilung. Weil alle drei Verteilungen zwar grundsätzlich rechtsschief sind, aber jeweils einen unterschiedlich stark ausgeprägten Tail aufwei-

---

[331] Vgl. Petry / Bohlender / Kruse / Kunzelmann (2006), S. 4.
[332] Vgl. Hellstern (2006), S. 535.
[333] Vgl. Petry / Bohlender / Kruse / Kunzelmann (2006), S. 4.
[334] Vgl. Lenzmann (2008), S. 293-294.
[335] Vgl. Schierenbeck / Lister / Kirmße (2008), S. 496-497.
[336] Vgl. Hellstern (2006), S. 537.
[337] Vgl. Lenzmann (2008), S. 293-294.
[338] Vgl. Hellstern (2006), S. 537.

sen, wird ihre Verwendung meist von den individuellen Verlustdaten des jeweiligen Instituts abhängig gemacht. Besonders schwierig ist hier wiederum die genaue Modellierung des Tail-Bereichs. Trotz der ergänzenden Verwendung externer Extremverlustdaten, die je nach Größe und Geschäftsstruktur des eigenen Instituts anzupassen sind,[339] ist die verfügbare Datenlage für diese Ereignisse aus statischer Sicht bislang schlicht unbefriedigend. Verschiedene Institute versuchen deshalb die fehlende Datengrundlage durch ergänzende Szenarioanalysen und eigene Expertenschätzungen auszugleichen.[340]

Mit Hilfe einer Monte-Carlo-Simulation werden schließlich die jeweiligen Schadenhöhen- und Schadenhäufigkeitsverteilungen in den einzelnen Zellen der Geschäftsfeld-Risikomatrix miteinander zu einer individuellen Verlustverteilung pro Zelle kombiniert, auf deren Basis dann jeweils ein VaR pro Zelle errechnet wird.[341] Abschließend werden die einzelnen (Zellen-) VaR's unter Berücksichtigung der zwischen den einzelnen Zellen der Risikomatrix bestehenden oder zumindest vermuteten Korrelationen zu einem gesamtbankbezogenen VaR für das operationelle Risiko zusammengefasst. Die dabei entstehenden Diversifikationseffekte führen in der Praxis häufig dazu, dass eine Risikoreduzierung (gegenüber der Summe der Einzel-VaR's) von 50 % und mehr erreicht wird.[342] Inwiefern diese risikoreduzierenden Effekte tatsächlich auftreten, ist vor dem Hintergrund der insgesamt sehr schwachen Datenlage und der beschriebenen, besonderen Problematik der stark ausgeprägten Tail-Risiken sicherlich kritisch zu hinterfragen.[343]

Die nachfolgende Abbildung veranschaulicht das beschriebene Vorgehen nochmals schematisch.

---

[339] Vgl. Petry / Bohlender / Kruse / Kunzelmann (2006), S. 4.
[340] Vgl. Lenzmann (2008), S. 294-296.
[341] Vgl. Lenzmann (2008), S. 297.
[342] Vgl. Lenzmann (2008), S. 298.
[343] Vgl. Hellstern (2006), S. 540.

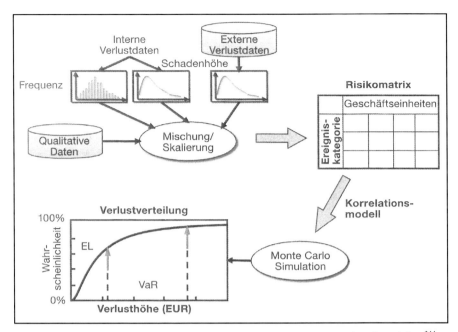

Abb. 36: Beispielhafte Struktur eines Modells zur Quantifizierung operationeller Risiken[344]

Eine tiefergehende Auseinandersetzung mit der Quantifizierung operationeller Risiken bieten folgende Quellen:

- Lenzmann (2008).
- Hellstern (2006).
- Schierenbeck / Lister / Kirmße (2008), S. 487-511.

3.4.4 Erste Modellansätze zur Quantifizierung des Liquiditätsrisikos

Die Quantifizierung und Einbeziehung des Liquiditätsrisikos in die ökonomischen RTF-Konzepte von Banken ist, wie bereits in Abschnitt 3.3.2 erwähnt, bislang noch nicht weit verbreitet. Die Turbolenzen an den Geld- und Kapitalmärkten in Folge der sogenannten „Subprime-Krise" und die daraus für einzelne Institute entstanden extremen ökonomischen Belastungen, die meist als Folge eines unerwartet hohen Liquiditätsbedarfs unter gleichzeitiger Verschlechterung der eigenen Bonität auftraten, haben die besondere Bedeutung des

---

[344] Vgl. Lenzmann (2008), S. 293.

Liquiditätsrisikos für Banken jedoch eindrucksvoll unter Beweis gestellt.[345] Selbst unter Berücksichtigung des in der Praxis oft vorgebrachten Arguments, dass ein hoher Kapitalbestand ein in akuten Liquiditätsschwierigkeiten befindliches Institut nicht vor einer eventuellen Zahlungsunfähigkeit bewahren kann, drängt sich vor diesem Hintergrund der zuvor geschilderten Zusammenhänge die Frage auf, ob das Liquiditätsrisiko ggf. bislang von Regulatoren und Instituten unterschätzt und seine Bemessung und Steuerung vernachlässigt wurden.[346] Für die explizite Berücksichtigung des Liquiditätsrisikos in einem ökonomischen RTF-Konzept und damit für die angemessene Unterlegung mit ökonomischem Kapital spricht die Tatsache, dass Liquiditätsrisiken zu einem wesentlichen Teil nicht nur die kurzfristige (dispositive) Zahlungsbereitschaft, sondern auch die Ertragssituation eines Instituts betreffen.[347] Insbesondere im Bereich der langfristigen (strukturellen) Liquiditätssicherung besteht das Hauptrisiko nicht darin, ausreichende Refinanzierungsmittel zu akquirieren, sondern darin, dass der für die Refinanzierung zu zahlende Preis unerwartet stark steigt.[348] Die Unterlegung dieses „Liquiditäts-Preis-Risikos" mit ökonomischem Kapital bietet sich deshalb ebenso selbstverständlich an, wie die Unterlegung von Marktpreisrisiken.[349]

Unter Berücksichtigung der Tatsache, dass das Risiko einer nicht angemessenen Liquiditätssteuerung bzw. eines unzureichenden Liquiditätsmanagementprozesses einer Bank bestenfalls über ein Modell zur Bestimmung operationeller Risiken in ökonomischen Kapitaleinheiten überführt werden könnte,[350] kann es bei der Bestimmung des ökonomischen Kapitalbedarfs für Liquiditätsrisiken nur darum gehen Risiken (bzw. liquiditätsbedingter Verluste) zu quantifizieren, die durch erhöhte Refinanzierungskosten (funding liquidity risk) und Liquiditätsdisagien bei der Liquidation von Finanzaktiva (market liquidity risk) entstehen können.[351]

Für das weitere Verständnis sei an dieser Stelle nochmals auf die bereits in Abschnitt 3.3.2 eingeführte Unterscheidung des Liquiditätsrisikos in eine kurzfristige (dispositive) und eine langfristige (strukturelle) Sichtweise, sowie die darin jeweils verwendeten Steuerungs- und Messgrößen „Liquidity at Risk (LaR)" und „Liquidity-Value-at-Risk (L-VaR)" hingewiesen. Der auf die kurzfristige Liquiditätssteuerung ausgerichtete LaR stellt dabei lediglich eine Volumengröße für den mit einem bestimmten Konfidenzniveau, innerhalb einer bestimmten

---

[345] Vgl. Kaltofen (2010), S. 137.
[346] Vgl. Zeranski / Geiersbach / Walter (2008), S. 368.
[347] Vgl. Beck / Kramer (2010), S. 67.
[348] Vgl. Kaltofen (2010), S. 137.
[349] Vgl. Zeranski / Geiersbach / Walter (2008), S. 376-377.
[350] Siehe dazu Abschnitt 3.4.3.
[351] Vgl. Zeranski / Geiersbach / Walter (2008), S. 368-369.

Frist, maximal erwarteten Liquiditätsabfluss bzw. den potentiellen kurzfristigen Liquiditätsbedarf eines Instituts dar,[352] der nicht mit ökonomischem Kapital zu unterlegen ist. Für seine Bestimmung werden üblicherweise die historisch beobachteten Nettomittelabflüsse eines Instituts innerhalb einer bestimmten Zeitspanne, ergänzt durch die Simulation von besonderen Stress-Szenarien und die Berücksichtigung von Annahmen der Extremwerttheorie, betrachtet.[353]

Das nachfolgende Schaubild stellt das Vorgehen bei der LaR-Bestimmung schematisch dar.

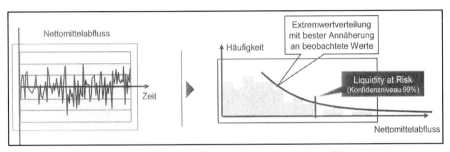

Abb. 37: Schematische Darstellung der Liquidity at Risk Bestimmung[354]

Der L-VaR hingegen ist ein Maß für den mit einem bestimmten Konfidenzniveau, innerhalb einer bestimmten Frist, maximal zu erwartenden Vermögensverlust (unerwartet hohe Refinanzierungskosten oder Marktwertabschläge bei Wertpapieren der Liquiditätsreserve). Im Rahmen eines RTF-Konzeptes ist es somit sinnvoll den L-VaR mit ökonomischem Kapital zu unterlegen.[355] Zur Ermittlung des L-VaR ist es zunächst erforderlich, die zukünftige Liquiditätsstruktur (zukünftige Liquiditätszu- und Liquiditätsabflüsse) möglichst genau zu prognostizieren. Dazu kann eine sogenannte Liquiditätsablaufbilanz verwendet werden, die aus den jeweils prognostizierten Zahlungsmittelzu- und -abflüssen ein zusammengefasstes Bild der Liquiditätssituation erzeugt.[356] Die nachfolgende Abbildung veranschaulicht das Vorgehen schematisch.

---

[352] Vgl. Schierenbeck / Lister / Kirmße (2008), S. 516-517.
[353] Vgl. Zeranski / Geiersbach / Walter (2008), S. 381-384.
[354] Vgl. Zeranski / Geiersbach / Walter (2008), S. 383.
[355] Vgl. Zeranski / Geiersbach / Walter (2008), S. 382.
[356] Vgl. Zeranski / Geiersbach / Walter (2008), S. 384-385.

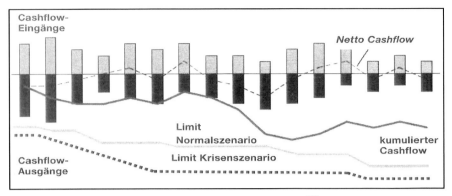

Abb. 38: Schematische Darstellung einer Liquiditätsablaufbilanz[357]

Dem Umstand, dass die Prognose der zukünftigen Liquiditätssituation bzw. des zukünftigen Netto-Cashflows mit zunehmendem Prognosehorizont naturgemäß schwieriger, ungenauer und risikobehafteter wird, kann dadurch Rechnung getragen werden, dass für die Prognose zeitlich weiter entfernter Liquiditätssalden eine breitere Streuung unterstellt wird.[358] Die sich daraus ergebende Mehrdimensionalität des strukturellen Liquiditätsrisikos wird in der nachfolgenden Abbildung verdeutlicht.

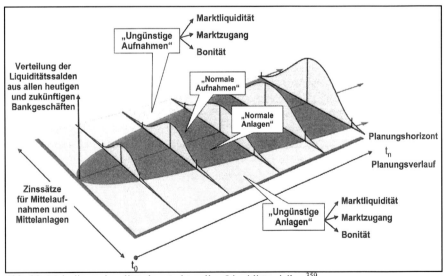

Abb. 39: Mehrdimensionalität des strukturellen Liquiditätsrisikos[359]

---

[357] Vgl. Zeranski / Geiersbach / Walter (2008), S. 385.
[358] Vgl. Zeranski / Geiersbach / Walter (2008), S. 385.
[359] Vgl. Zeranski / Geiersbach / Walter (2008), S. 386.

Die Realisierbarkeit geplanter zukünftiger Mittelaufnahmen oder Mittelanlagen hängt stark davon ab, zu welchen Zinssätzen sie in der Zukunft erfolgen können. Dies ist wiederum stark von der zukünftigen Marktliquidität und der eigenen Bonität eines Kreditinstituts in der Zukunft abhängig. Insofern spielt auch die Prognose der eigenen Bonität der Kreditinstitute eine wichtige Rolle für die Quantifizierung des potentiellen Liquiditätsrisikos. Grundlagen für die Bestimmung des L-VaR sind somit einerseits negative Abweichungen von der erwarteten zukünftigen Liquiditätssituation und andererseits mögliche Bonitätsverschlechterungen eines Instituts. Letztendlich berechnen lässt sich der L-VaR indem mittels historischer Simulation (unter Berücksichtigung eines bestimmten Konfidenzniveaus und der durchschnittliche Refinanzierungsdauer) zunächst ein potentieller Spread-Shift (Verteuerung der Refinanzierungskosten) bestimmt wird, der sowohl Veränderungen der Marktliquidität, als auch potentielle Bonitätsverschlechterungen eines Instituts berücksichtigt. Ausgehend von diesem potentiellen Spread-Shift kann dann die mögliche Verteuerung der prognostizierten Refinanzierungsstruktur insgesamt berechnet und der mit ökonomischem Kapital zu unterlegende L-VaR ermittelt werden.[360] Die nachfolgende Abbildung veranschaulicht das beschriebene Vorgehen.

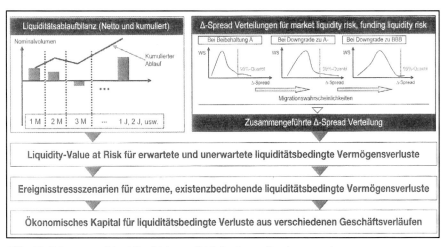

Abb. 40: Schema zur Liquidity-Value-at-Risk-basierten Bestimmung des ökonomischen Kapitals für das (strukturelle) Liquiditätsrisiko[361]

---

[360] Vgl. Zeranski / Geiersbach / Walter (2008), S. 386-387.
[361] Vgl. Zeranski / Geiersbach / Walter (2008), S. 387.

Um den regulatorischen Anforderungen zu genügen, können die so ermittelten Werte weiter durch Simulationen von Stress-Szenarien ergänzt werden.[362] Folgende Einflüsse auf den L-VaR können dabei z. B. simuliert werden:

- Ausfall bedeutender Kreditgeber/Kreditnehmer
- Vollständiger oder teilweiser Abzug von Interbankeinlagen
- Kursverfall an den Sekundärmärkten für Wertpapiere der Liquiditätsreserve
- Extreme Verschlechterung des eigenen Ratings
- Starker Abzug von Kundeneinlagen
- Starker Anstieg des allgemeinen Zinsniveaus[363]

Für die Berücksichtigung des L-VaR im Rahmen der gesamtbankbezogenen Ermittlung des ökonomischen Kapitals ist es dann ggf. wieder erforderlich, das Konfidenzniveau und den Betrachtungshorizont auf die im RTF-Konzept verwendeten Werte (z. B. 99,97 % Konfidenzniveau und Betrachtungshorizont von einem Jahr) zu skalieren. Weil die dargestellte L-VaR Ermittlung jedoch momentan noch nicht weit verbreitet ist, finden sich in der einschlägigen Fachliteratur dazu noch keine konkreten Hinweise oder Standards.

3.4.5 Möglichkeiten der Aggregation von Einzelrisiken zur Quantifizierung des ökonomischen Kapitals

Nachdem in den vorangegangenen Abschnitten Möglichkeiten zur Quantifizierung des ökonomischen Kapitalbedarfs für die wesentlichen bankgeschäftlichen Einzelrisiken aufgezeigt wurden, ist es nun erforderlich die ermittelten Einzelrisikobeträge zum ökonomischen Kapital auf Gesamtbankebene zu aggregieren, damit es letztendlich im ökonomischen RTF-Konzept dem zuvor bestimmten RDP gegenübergestellt werden kann.

Bevor die einzelnen Möglichkeiten zur Risikoaggregation näher beschrieben werden ist es wichtig darauf einzugehen, dass zur Sicherstellung konsistenter Ergebnisse möglichst nur „Äpfel mit Äpfeln" und nicht „Äpfel mit Birnen" zusammengefasst werden sollten.[364] In Bezug auf die zuvor ermittelten Risikobeträge der einzelnen Risikoarten (z. B. Kreditrisiko,

---

[362] Vgl. Kaltofen (2010), S. 135-137.
[363] Vgl. Zeranski / Geiersbach / Walter (2008), S. 389-391.
[364] Vgl. Basel Committee on Banking Supervision (2008), S. 25.

Marktrisiko, etc.) bedeutet dies, dass vorab folgende Fragen institutsintern geklärt bzw. definiert werden müssen:

- Welche Betrachtungsart (barwertig oder Bilanz- und GuV-orientiert) wird für die Ermittlung und Gegenüberstellung von ökonomischem Kapital und RDP auf Ebene des ökonomischen RTF-Konzeptes verwendet? Analog zur Beantwortung dieser Frage sollten dann entsprechend nur barwertig- oder Bilanz- und GuV-orientierte Risikogrößen miteinander kombiniert werden.
- Welcher Betrachtungshorizont liegt dem ökonomischen RTF-Konzept zu Grunde? Entsprechend zur Beantwortung dieser Frage sind die Einzelrisikogrößen ggf. vor ihrer Aggregation auf einen einheitlichen Betrachtungshorizont zu skalieren.[365]
- Welches Konfidenzniveau soll auf Ebene des ökonomischen RTF-Konzeptes verwendet werden? Abhängig von der Beantwortung dieser Frage sind die einzelnen Risikobeträge vor ihrer Aggregation ggf. noch auf dieses einheitliche Konfidenzniveau zu skalieren.[366]
- Welches Risikomaß soll letztlich auf Gesamtbankebene betrachtet werden (z. B. Value-at-Risk oder Expected Shortfall)? In Abhängigkeit von dieser Entscheidung müssen alle betrachteten Einzelrisiken dem gewählten Risikomaß entsprechen.[367] Interessant ist hier, dass der VaR trotz seiner fehlenden Subadditivität (es ist nicht gewährleistet, dass das Gesamtrisiko immer kleiner oder gleich der Summe der Einzelrisiken ist)[368] in der Praxis von der überwiegenden Mehrheit der Banken sowohl bei der Quantifizierung der Einzelrisiken, als auch im Rahmen ihrer Aggregation zur Bestimmung des ökonomischen Gesamtkapitals genutzt wird.[369]

Nach Klärung dieser grundlegenden Fragestellungen stehen momentan fünf unterschiedliche Methoden zur Aggregation von Einzel-VaR's zur Verfügung, von denen in der Praxis jedoch bislang nur vier genutzt werden.[370] Ihre wesentlichen Aspekte werden nachfolgend dargestellt. Die Reihenfolge, in der die Methoden vorgestellt werden, orientiert sich (beginnend mit der einfachsten Methode) an ihrem jeweiligen Komplexitätsgrad.

---

[365] Vgl. Basel Committee on Banking Supervision (2008), S. 25.
[366] Vgl. Basel Committee on Banking Supervision (2008), S. 25.
[367] Vgl. Basel Committee on Banking Supervision (2008), S. 25.
[368] Vgl. Feix / Stechmeyer-Emden / Stückler (2006), S. 108.
[369] Vgl. Deutsche Bundesbank (2010), S. 16-30.
[370] Vgl. Basel Committee on Banking Supervision (2008), S. 27.

Einfache Addition

Bei der einfachen Addition werden die Einzel-VaR's ohne Berücksichtigung eventueller Diversifikationseffekte aufaddiert. Anders ausgedrückt entspricht dieses Vorgehen der grundsätzlich konservativen Annahme, dass alle ermittelten Einzelrisiken eine Korrelation von +1 (vollständig positive Korrelation) aufweisen. Neben ihrer Konservativität besticht diese Methode durch ihre Einfachheit und ihre auch für Nichtmathematiker einfache Nachvollziehbarkeit.[371]

Addition mit der Annahme eines fixen Diversifikationsfaktors über alle Einzelrisiken hinweg

Diese Methode ähnelt sehr stark der einfachen Addition. Im Gegensatz dazu wird hier jedoch ein fixer Diversifikationsfaktor (z. B. 20 % über alle Risikoarten bzw. Einzel-VaR's hinweg) unterstellt. In Korrelationsbeziehungen ausgedrückt würde man hier schlicht von einer für alle Risiken bzw. Einzel-VaR's geltenden positiven Korrelation von z. B. +0,8 ausgehen. Auch diese Methode zeichnet sich durch ihre Einfachheit und ihre leichte Nachvollziehbarkeit aus. Der Grad der Konservativität hängt hier jedoch entscheidend von der gewählten (und hoffentlich begründeten) allgemeinen Korrelationsannahme ab.[372]

Aggregation im Rahmen eines Varianz-Kovarianz-Ansatzes bzw. unter Verwendung einer Inter-Risk-Korrelationsmatrix

Der Aggregation im Rahmen eines Varianz-Kovarianz-Ansatzes liegt die allgemeine Überlegung zu Grunde, dass die Entwicklung bzw. Ausprägung der unterschiedlichen Risikoarten (z. B. Kreditrisiko, Marktpreisrisiko, etc.) bzw. der dafür ermittelten VaR's von jeweils unterschiedlichen Risikofaktoren abhängig sind, die sich grundsätzlich alle unterschiedlich entwickeln bzw. alle unterschiedliche Korrelationsbeziehungen zueinander aufweisen können.[373] Im Gegensatz zu der Addition mit einem fixen Diversifikations- bzw. Korrelationsfaktor über alle Risikoarten hinweg werden hier die gegenseitigen Abhängigkeiten zwischen den Einzelrisiken bzw. ihrer jeweiligen Risikofaktoren individuell geschätzt.[374] Daraus ergibt sich schließlich eine Korrelations- bzw. Varianz-Kovarianz-Matrix, unter deren Berücksichtigung die Einzelrisiken bzw. die für die einzelnen Risikoarten ermittelten VaR's

---

[371] Vgl. Basel Committee on Banking Supervision (2008), S. 27-28.
[372] Vgl. Basel Committee on Banking Supervision (2008), S. 27-28.
[373] Vgl. Hänselmann / Wilderotter (2008), S. 171-172.
[374] Vgl. Basel Committee on Banking Supervision (2008), S. 27.

aggregiert werden können.[375] Die nachfolgende Abbildung stellt eine solche Inter-Risk-Korrelationsmatrix und den sich durch die Berücksichtigung der Korrelationsannahmen bei der Risikoaggregation ergebenden Diversifikationseffekt schematisch dar.

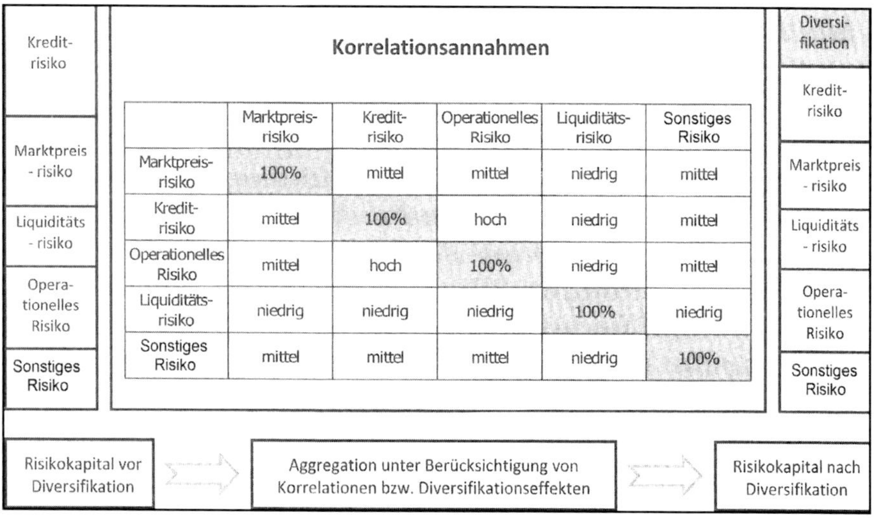

	Korrelationsannahmen					
		Marktpreis-risiko	Kredit-risiko	Operationelles Risiko	Liquiditäts-risiko	Sonstiges Risiko
	Marktpreis-risiko	100%	mittel	mittel	niedrig	mittel
	Kredit-risiko	mittel	100%	hoch	niedrig	mittel
	Operationelles Risiko	mittel	hoch	100%	niedrig	mittel
	Liquiditäts-risiko	niedrig	niedrig	niedrig	100%	niedrig
	Sonstiges Risiko	mittel	mittel	mittel	niedrig	100%

Risikokapital vor Diversifikation → Aggregation unter Berücksichtigung von Korrelationen bzw. Diversifikationseffekten → Risikokapital nach Diversifikation

Abb. 41: Schematische Darstellung einer Inter-Risk-Korrelationsmatrix[376]

Die Bandbreite der zwischen einzelnen Risikoarten durchschnittlich angenommenen Korrelationen zeigt die nachstehende Abbildung, die einer Studie des International Financial Risk Institute (IFRI) aus dem Jahr 2006 entnommen wurde, beispielhaft.

---

[375] Vgl. Schulte-Mattler / Manns (2010), S. 100-101.
[376] Vgl. Schulte-Mattler / Manns (2010), S. 101.

Inter-risk correlation estimates of participants				
A wide range of inter-risk correlation parameters are used[1]				
	Credit	**Market**	**Operational**	**Business**
Credit		66%[2] 10-100%[3] 10-40%[4]	30% 10-100% 10-40%	67% 40-100% 40-80%
Market			30% 10-100% 10-40%	58% 0-100% 20-80%
Operational				60% 0-100% 20-60%

1 81% of cases applicable (i.e. not simple summation across all risk types)
2 Overall average
3 Range
4 Range excluding 0 and 100% answers

Abb. 42: Bandbreite verwendeter Inter-Risk-Korrelationsannahmen[377]

Würde unterstellt, dass sich alle Einzelrisiken bzw. alle VaR's der als wesentlich erachteten Risikoarten unter Verwendung der Normalverteilungsannahme[378] berechnen ließen, so könnte der Gesamtbank-VaR bzw. das ökonomische Gesamtkapital relativ einfach nach der Linearkombinationsregel[379] als Portfolio-VaR wie folgt berechnet werden:

---

[377] Vgl. Singh / Wilson (2007), S. 13.
[378] Sofern bei der VaR-Bestimmung jeweils eine Normalverteilung unterstellt wird, erfüllt der VaR auch das Kriterium der Subadditivität. Vgl. Schulte-Mattler / Manns (2010), S. 100.
[379] Vgl. Schierenbeck / Lister / Kirmße (2008), S. 83.

$$VaR_{Gesamt} = \sqrt{\begin{array}{c}[Risikovektor]\\ \times [Korrelationskoeffizientenmatrix]\\ \times [Transponente\ des\ Risikovektors]\end{array}}$$

mit:

VaR_{Gesamt} = Gesamtbank-VaR bzw. ökonomischer Gesamtkapitalbedarf

$[Risikovektor]$ = $[VaR_{Kreditrisiko}\ VaR_{Marktrisiko}\ ...VaR_x]$

$\begin{bmatrix}Korrelations\\koeffizienten\\matrix\end{bmatrix}$ = ↓

$\begin{bmatrix}1 & Korr.(Kreditrisiko, Marktrisiko)... & Korr.(Kreditrisiko, X-Risiko)\\ Korr.(Marktrisiko, Kreditrisiko) & 1... & Korr.(Marktrisiko, X-Risiko)\\ Korr.(Kreditrisiko, X-Risiko)... & Korr.(...) & 1...\end{bmatrix}$

$\begin{bmatrix}Transponente\\des\ Risikovektors\end{bmatrix}$ = Risikovektor in Spaltenform   [380]

Weil auch diese Aggregationsmethode noch relativ transparent und einfach verständlich ist, gegenüber den beiden vorgenannten Varianten aber deutlich mehr Flexibilität hinsichtlich der Schätzung und Verwendung individueller Korrelationsannahmen bietet, wird sie in der Praxis von vielen Banken (national, wie auch international[381]) bevorzugt verwendet.[382] Dabei ist jedoch nochmals deutlich herauszustellen, dass sie nicht für alle Quantile beliebiger Verteilungen theoretisch sauber anwendbar ist. Sie ist vielmehr nur in Spezialfällen anwendbar, wenn z. B. alle betrachteten Risiken einer Normalverteilung folgen. Wie in den Abschnitten 3.4.2 und 3.4.3 dargestellt, ist diese Annahme aber beispielsweise für das Kredit- und auch das operationelle Risiko keineswegs haltbar. Wird die Methode dennoch verwendet, wird dadurch ein relativ hohes Maß an Unschärfe in Kauf genommen. Ein weiterer Nachteil der Methode besteht darin, dass die verwendeten Korrelationsschätzungen üblicherweise nur lineare Abhängigkeiten berücksichtigen. Deshalb können die in der Realität deutlich komplexeren Abhängigkeitsstrukturen zwischen einzelnen Risikoarten nur unzureichend abgebildet werden. Darüber hinaus ist die Ermittlung der Korrelationen an sich schon extrem schwierig, weil für eine statistisch genaue Schätzung meist keine hinreichend langen Datenreihen

---

[380] Vgl. Schierenbeck / Lister / Kirmße (2008), S. 83-84 *und* Hänselmann / Wilderotter (2008), S. 172.
[381] Vgl. Singh / Wilson (2007), S. 12 *und* Basel Committee on Banking Supervision (2008), S. 29.
[382] Vgl. Deutsche Bundesbank (2010), S. 23.

vorliegen und sich die Abhängigkeiten im Zeitverlauf, insbesondere aber in Krisenzeiten (z. B. Höhepunkt der Subprime-Krise), deutlich verändern können.[383]

Aggregation mit Hilfe eines Copula-Ansatzes

Copulas sind eine in der Wahrscheinlichkeitstheorie seit 1959 bekannte Methode, um beliebig verteilte Zufallsvariablen mit beliebiger Abhängigkeitsstruktur zwischen den Zufallsvariablen zu einer neuen Gesamtverteilung zu verbinden. Der zuvor dargestellte Varianz-Kovarianz-Ansatz kann in diesem Sinn als eine spezielle Copula mit ausschließlich normalverteilten Zufallsvariablen und ausschließlich linearen Abhängigkeitsstrukturen aufgefasst werden.[384] Die in der Praxis wichtigsten Varianten des Copula-Ansatzes sind die Gauß-Copula und die Student t-Copula.[385]

- Die Gauß-Copula unterstellt, analog zum vorbeschriebenen Varianz-Kovarianz-Ansatz, jeweils lineare Korrelationen zwischen den einzelnen (Rand-) Verteilungen. Die Verteilungen selbst müssen hier allerdings nicht mehr normalverteilt sein. Die Gauß-Copula kann damit allerdings nicht den in der Realität häufig zu beobachtenden Effekt modellieren, dass die Korrelationen zwischen den Risikoarten in Krisenszenarien stark ansteigen können. Diese nicht linearen Abhängigkeiten werden auch als „positive tail dependencies" bezeichnet.
- Mit Hilfe der Student t-Copula ist es zusätzlich möglich, diese „positive tail dependencies" zu modellieren. Neben der Korrelation wird dazu die „Anzahl[386] der Freiheitsgrade" (m) als Parameter verwendet. Je geringer m, desto stärker korrelieren die Verteilungen bei gemeinsamen starken Veränderungen der Risikoparameter. Für m→∞ geht die Student t-Copula somit in die Gauß-Copula über.

Die letztendliche Bestimmung der (neuen) Gesamtverteilung erfolgt üblicherweise mittels Monte-Carlo-Simulation, wodurch sich bereits ein bedeutend höherer Rechenaufwand im Vergleich zu allen übrigen Aggregationsmethoden ergibt. Darüber hinaus existieren theoretisch unendlich viele verschiedene Copula-Klassen, von denen zunächst eine als die für den jeweiligen Anwendungsfall „richtige" identifiziert werden muss, zumal die Form der Copula entscheidenden Einfluss auf die Höhe des ausgewiesenen Gesamt-VaR's hat. Trotz ihrer

---

[383] Vgl. Hänselmann / Wilderotter (2008), S. 172.
[384] Vgl. Hänselmann / Wilderotter (2008), S. 173.
[385] Vgl. Feix / Stechmeyer-Emden / Stückler (2006), S. 109-111.
[386] Die Anzahl der Freiheitsgrade ist jeweils positiv und ganzzahlig. Vgl. Hänselmann / Wilderotter (2008), S. 173.

theoretisch exzellenten Möglichkeiten den Gesamt-VaR bzw. das ökonomische Gesamtkapital zu schätzen, ist die praktische Anwendung von Copulas jedoch alles andere als trivial. Die durch statistisch unsaubere Schätzungen möglichen Unschärfen bergen die Gefahr, das Gesamtrisiko deutlich zu unterschätzen.[387] Insofern ist es nicht verwunderlich, dass bislang nur wenige große, international tätige Banken Copula-Ansätze zur Risikoaggregation bzw. zur Ermittlung des ökonomischen Gesamtkapitals nutzen.[388]

Aggregation unter Verwendung von Faktormodellen

Die letzte, mit Abstand komplexeste und deshalb bislang nur theoretische Möglichkeit zur Ermittlung des Gesamt-VaR besteht darin, alle Risikofaktoren der Einzelrisiken unmittelbar in einer gemeinsamen Verteilung zu modellieren.[389] Diese auch als Faktormodell bezeichnete Methode stellt im Gegensatz zu allen bisher vorgestellten „Top Down-Ansätzen" (Ermittlung der Verlustverteilungen je Risikoart und anschließende Zusammenführung zur Gesamtverteilung) einen wahrscheinlichkeitstheoretisch saubereren „Bottom-Up-Ansatz" dar, der die verschiedenen Risikoarten bzw. all ihre Risikofaktoren unmittelbar gemeinsam zu einer Gesamtverlustverteilung modelliert.[390] Auch wenn der Ansatz, ein integriertes Modell zu entwickeln, dass sowohl die Dynamik aller Risikofaktoren, als auch ihre gegenseitigen Abhängigkeiten gemeinsam berücksichtigt, theoretisch einleuchtet, so stellt sich in der Praxis dennoch das bislang unüberwindbare Problem, die extrem große Zahl von Einflussfaktoren und all ihre gegenseitigen Abhängigkeiten ohne eine hinreichende Datenbasis zu erfassen und zu modellieren. Selbst unter der Annahme, dass dieses Problem (ggf. unter Zuhilfenahme verschiedener Vereinfachungen) lösbar wäre, erscheint der für die Methode notwendige Berechnungsaufwand im Verhältnis zu der dadurch erzielbaren Verbesserung der Prognosequalität bislang noch nicht ökonomisch sinnvoll.[391]

Die aus ökonomischer und regulatorischer Sicht bestehenden Vor- und Nachteile der einzelnen Aggregationsmethoden sind in der nachfolgenden Zusammenfassung des BCBS nochmals dargestellt.

---

[387] Vgl. Hänselmann / Wilderotter (2008), S. 173-174.
[388] Vgl. Deutsche Bundesbank (2010), S. 23.
[389] Vgl. Basel Committee on Banking Supervision (2008), S. 27.
[390] Vgl. Smithson (2008), S. 35.
[391] Vgl. Hänselmann / Wilderotter (2008), S. 174-175.

Aggregation methodology	Advantages	Disadvantages
Summation: Adds together individual capital components	Simplicity Typically considered to be conservative	It does not discriminate across risk types; imposes equal weighting assumption Does not capture non-linearities
Constant diversification: Similar to summation but subtracts fixed percentage from overall figure	Simplicity and recognition of diversification effects	The fixed diversification effect is not sensitive to underlying interactions between components. Does not capture non-linearities
Variance-Covariance: Weighted sum of components on basis of bilateral correlation between risks.	Better approximation of analytical method Relatively simple and intuitive	Estimates of inter-risk correlations difficult to obtain Does not capture non-linearities
Copulas: combine marginal distributions through copula functions	More flexible than covariance matrix Allows for nonlinearities and higher order dependencies	Parameterisation very difficult to validate Building a joint distribution very difficult
Full modelling/Simulation: Simulate the impact of common risk drivers on all risk components and construct the joint distribution of losses	Theoretically the most appealing method Potentially the most accurate method Intuitive	Practically the most demanding in terms of inputs Very high demands on IT Time consuming Can provide false sense of accuracy

Abb. 43: Vor- und Nachteile verschiedener Risikoaggregationsmethoden[392]

Mit Ausnahme der Institute, die eine einfache Addition verwenden, berücksichtigen deutsche Institute in der Praxis Korrelations- bzw. Risikodiversifikationseffekte zwischen 5 % und 35 %, wobei im Mittel ein Wert um 20 % angenommen wird.[393] Eine Erhebung des International Financial Risk Institute (IFRI) aus dem Jahr 2006 bestätigt dies auch auf internationaler Ebene.

---

[392] Vgl. Basel Committee on Banking Supervision (2008), S. 28.
[393] Vgl. Deutsche Bundesbank (2010), S. 23.

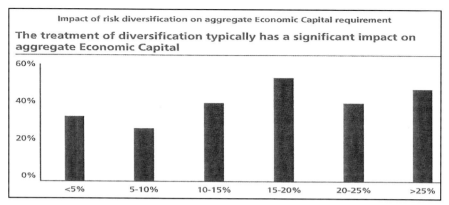

Abb. 44: Durch Risikoaggregation erzielte Diversifikationseffekte[394]

3.5 Wichtige Aspekte bei der Gegenüberstellung von ökonomischem Kapital und Risikodeckungspotential

Nachdem eine Bank nun sowohl das gesamte, als auch das ihrer individuellen Risikoneigung entsprechende RDP als Verlustpuffer bestimmt und ihr gesamtbankbezogenes ökonomisches Kapital ermittelt hat, müssen beide Größen letztendlich, quasi als Kern eines RTF-Konzepts, sinnvoll und zielgerichtet miteinander verglichen werden. Um den regulatorischen Anforderungen zu genügen muss diese Gegenüberstellung ständig, zumindest aber einmal jährlich erfolgen.[395] Ökonomisches Kapital und RDP müssen sich dabei stets auf denselben Betrachtungshorizont (üblicherweise ein Jahr) beziehen.[396] In der Praxis sind zwei wesentliche Zielrichtungen der Gegenüberstellung zu unterscheiden, die üblicherweise parallel verfolgt werden:

- **Risikotragfähigkeitsbetrachtung zur Existenzsicherung**
  (Diese Zielsetzung ist neben der internen auch besonders für die externe Beurteilung der Risikotragfähigkeit im Rahmen der regulatorischen Vorgaben zum ICAAP bzw. der entsprechenden Regelungen der MaRisk von Bedeutung.)
- **Risikotragfähigkeitsbetrachtung zur Geschäftssteuerung**
  (Diese Zielsetzung und Sichtweise ist vornehmlich für die interne Steuerung eines Instituts von Bedeutung)[397]

---

[394] Vgl. Singh / Wilson (2007), S. 12.
[395] Vgl. Becker (2008), S. 133.
[396] Vgl. Bundesanstalt für Finanzdienstleistungsaufsicht (2011b), S. 13.
[397] Vgl. Hortmann / Seide (2006), S. 306-306.

Je nachdem, mit welcher Zielsetzung die Risikotragfähigkeit betrachtet wird, müssen bei der Gegenüberstellung von RDP und ökonomischem Kapital andere Aspekte und Besonderheiten berücksichtigt werden.[398] Die jeweils wesentlichen Aspekte und Besonderheiten werden nachfolgend erläutert.

Risikotragfähigkeitsbetrachtung zur Existenzsicherung

Die ökonomische und juristische bzw. regulatorische Existenz eines Kreditinstituts ist neben der Sicherstellung einer jederzeitigen Zahlungsbereitschaft (dispositives Liquiditätsrisiko[399]) insbesondere davon abhängig, dass die bilanziellen und regulatorischen Mindest-Eigenmittelanforderungen dauerhaft eingehalten werden können. Vor diesem Hintergrund geht es nicht nur darum, das ökonomische Kapital bzw. die Summe der in verschiedenen Geschäftsbereichen bestehenden Einzelrisiken stets kleiner als das insgesamt verfügbare oder das zur Risikoabdeckung bereitgestellte RDP zu halten,[400] sondern es ist (zumindest als zwingende Nebenbedingung) sicherzustellen, dass dem ökonomischen Kapital ein ausreichendes Bilanz- und GuV-basiertes RDP im Rahmen eines Going-Concern-Ansatzes gegenübergestellt wird.[401] Sofern ausschließlich eine Gone-Concern- bzw. Liquidationssichtweise gewählt wird, muss dabei zumindest sichergestellt sein, dass die zur Sicherung der regulatorischen Mindest-Eigenmittelanforderungen benötigten RDP-Komponenten nur mit einer extrem geringen Restwahrscheinlichkeit (z. B. Konfidenzniveau $\geq$ 99,97 %) zur Risikoabdeckung eingesetzt werden müssen.[402] Die Verwendung barwertorientierter Going-Concern-Ansätze stellt in der Praxis eine Ausnahme dar.[403] Sofern ein barwertiger Ansatz verfolgt wird, nutzen die Institute regelmäßig eine Bilanz- und GuV-orientierte Parallelrechnung.[404]

Bezüglich des ökonomischen Gesamtkapitals[405] ist sicherzustellen, dass die verwendeten Korrelations- bzw. Diversifikationsannahmen möglichst konservativ oder zumindest auch unter Berücksichtigung von Stress-Szenarien als valide angesehen werden können.[406] Darüber hinaus ist zu beachten, dass es sich bei den für die Einzelrisikoarten ermittelten VaR-Beträgen

---

[398] Vgl. Hortmann / Seide (2006), S. 307-310.
[399] Gem. den Ausführungen in den Abschnitten 3.3.2 und 3.4.4 kann das kurzfristige (dispositive) Liquiditätsrisiko nicht durch die Vorhaltung ökonomischer Kapitalpuffer beseitigt werden. Zur Risikominimierung ist hier vielmehr auf ein solides, operatives Liquiditätsmanagement zu achten.
[400] Vgl. Hager (2008), S. 1.
[401] Vgl. Hänselmann / Wilderotter (2008), S. 182.
[402] Vgl. Bundesanstalt für Finanzdienstleistungsaufsicht (2011b), S. 4 und 14.
[403] Vgl. Deutsche Bundesbank (2010), S. 6.
[404] Vgl. Boße / Fette (2006), S. 124-125.
[405] Zu den Ermittlungsmöglichkeiten siehe Abschnitt 3.4.5.
[406] Vgl. Beck / Lesko (2011), S. 9.

teilweise um potentielle bilanzielle bzw. periodische Verluste, teilweise aber auch (nur) um potentielle Barwert-Verluste handelt. Bei der Betrachtung des gesamtbankbezogenen Marktrisiko-VaR kommt es beispielsweise darauf an, ob Marktwertverluste bei Positionen des Handelsbuchs (GuV-wirksam wegen strengem Niederstwertprinzip gem. HGB) oder bei Positionen des Anlagebuchs (lediglich Barwertverlust, solange nur eine vorübergehende Wertminderung vorliegt) zu erwarten sind. Bei der Betrachtung des Kreditrisiko-VaR ist die GuV-Wirkung potentieller Verluste letztlich davon abhängig, ob es sich (nur) um vorübergehende, bonitätsbedingte Barwertreduzierungen im Kreditportfolio oder um potentielle Forderungsausfälle handelt.[407] Eine genaue Differenzierung ist hier (in Abhängigkeit von dem genutzten Kreditrisikomodell), insbesondere auf aggregierter Ebene kaum möglich.[408] Der allgemeine Grundsatz, dass nur Risiko- und RDP-Beträge miteinander verglichen werden sollten, die nach der gleichen methodischen Basis (Bilanz- und GuV-orientiert oder barwertorientiert) bestimmt wurden,[409] ist somit in der Praxis nicht durchgängig realisierbar.[410] Eine unbewusste Vermischung von Bilanz- und GuV-orientierten mit barwertigen Größen kann schnell zu einer Fehlsteuerung der Risiken führen.[411] Aus Vorsichtsgründen könnte es deshalb sinnvoll sein, den durch das ökonomische Kapital verkörperten, potentiellen Verlust als insgesamt im Betrachtungshorizont[412] Bilanz- bzw. GuV-wirksam anzusehen.

Um die Existenz eines Instituts langfristig sicherzustellen ist es darüber hinaus erforderlich, bei der Risikotragfähigkeitsbetrachtung (Betrachtung des Quotienten aus RDP und ökonomischem Kapital) stets einen ausreichenden Puffer oberhalb von eins bzw. 100 % zur Abdeckung all der Risiken vorzuhalten, die nicht explizit in der ökonomischen Kapitalberechnung berücksichtigt werden. Beispielsweise wäre es fahrlässig, wenn ein Institut sein Liquiditätsrisiko (wie in Abschnitt 3.3.2 beschrieben) nicht in die ökonomische Kapitalberechnung mit einbezieht und es gleichzeitig auch nicht in Form eines pauschalen Pufferbetrages (oberhalb der Mindestrisikotragfähigkeit von 100 %) berücksichtigt.[413]

---

[407] Wie in Abschnitt 3.4.2 dargestellt, berücksichtigen die meisten Kreditrisikomodelle heute sowohl bonitätsbedingte Marktwertveränderungen des Kreditportfolios, als auch tatsächliche Ausfallereignisse.
[408] Hortmann / Seide (2006), S. 325-327.
[409] Vgl. Kern / Pfeiffer (2011), S. 251.
[410] Vgl. Bundesanstalt für Finanzdienstleistungsaufsicht (2011b), S. 13.
[411] Vgl. Denter (2007), S. 107.
[412] Wie bereits mehrfach an anderer Stelle erläutert beträgt der Betrachtungshorizont üblicherweise ein Jahr bzw. 250 Geschäftstage.
[413] Vgl. Jeckle (2008), S. 16.

Risikotragfähigkeitsbetrachtung zur Geschäftssteuerung

Das primäre Ziel der Geschäftssteuerung einer Bank besteht grundsätzlich darin, für eine möglichst effiziente Allokation aller verfügbaren Ressourcen zu sorgen.[414] In Bezug auf die Ressource "RDP" kann dann von einer optimalen bzw. effizienten Allokation gesprochen werden, wenn ein Geschäft einen möglichst hohen Ertrag bei gleichzeitig möglichst geringem ökonomischen Kapitalbedarf bzw. entsprechend geringem Risikopotential aufweist. Diese Gegenüberstellung von erwartetem Ertrag und potentiellem (unerwartetem) Risiko wird auch als „Risk-Return"-Relation bezeichnet.[415] Auch hier sind die potentiellen Erträge und die potentiellen Risiken nach Möglichkeit in der gleichen „Einheit" zu bemessen, um eine methodisch widerspruchsfreie Steuerung durchführen zu können.[416] Weil viele, insbesondere große und kapitalmarktorientierte Institute ihr Geschäft heute im Sinne des Shareholder-Value-Gedankens auf eine Steigerung des Unternehmensmarktwertes und somit insbesondere auf einen barwertigen Wertzuwachs ausrichten, verwenden viele Banken für diese Zwecke auch eine barwertige Risikotragfähigkeitsbetrachtung[417] und legen je nach ihrer individuellen Risikoneigung einen Going-Concern- oder eine Gone-Concern-Ansatz zu Grunde.[418] Weiterhin ermöglicht eine barwertige Allokation des RDP bzw. eine barwertige Limitierung des ökonomischen Kapitals auf Ebene der Geschäftsbereiche eine relativ flexible und im Bedarfsfall relativ leicht nachjustierbare Geschäftssteuerung, die nicht an die starren Rechnungslegungsperioden gebunden ist.

Das in Abschnitt 3.4.5 bei der Aggregation der Einzelrisiken dargestellte Problem der Korrelations- bzw. Diversifikationseffektschätzung stellt sich hier ebenfalls, allerdings in umgekehrter Reihenfolge. Wird eine vollständig positive Korrelation aller Risiken unterstellt, so kann insgesamt maximal das als Verlustpuffer definierte RDP als VaR-Limit auf die einzelnen Geschäftsbereiche allokiert werden. Werden Diversifikationseffekte unterstellt, so ist es möglich mehr RDP in Form von VaR-Limiten auf die Geschäftsbereiche zu allokieren, als insgesamt zur Verlustdeckung bereitgestellt wurde.[419]

---

[414] Vgl. Beck / Lesko (2011), S. 8.
[415] Vgl. Kramer (2010), S.13-16.
[416] Vgl. Denter (2007), S. 107.
[417] Vgl. Hänselmann / Wilderotter (2008), S. 182-185.
[418] Vgl. Hortmann / Seide (2006), S. 307-310.
[419] Vgl. Hänselmann / Wilderotter (2008), S. 186-188 *und* Jeckle (2008), S. 16.

3.6 Mögliche Arten von Stress-Tests

Wie in Abschnitt 2.3 erläutert, fordern die MaRisk explizit die Verwendung und Berücksichtigung von Stress-Tests oder potentiellen Stress-Szenarien bei der Einzelrisikobestimmung und auch auf aggregierter Ebene, bei der Betrachtung des ökonomischen Kapitals.[420] Dabei handelt es sich zunächst schlicht um eine Untersuchung, ob und wie sich die in einem „normalen" (Markt-) Umfeld bestimmten Resultate eines RTF-Konzepts unter ungewöhnlichen oder besonders ungünstigen Umweltbedingungen verändern. Sie sind somit auch ein Indikator für die Anfälligkeit eines Instituts gegenüber außergewöhnlichen Ereignissen.[421] Bei den üblicherweise verwendeten, wahrscheinlichkeitsbasierten Risikoquantifizierungsverfahren ist dabei einerseits zu analysieren, wie sich Veränderungen von Risikofaktoren jenseits des üblichen Konfidenzniveaus der zu Grunde liegenden Verlustverteilung auswirken. Je geringer dabei das für den „Normalbetrieb" gewählte Konfidenzniveau eines Instituts ist, desto wertvoller können folglich die ergänzenden Informationen aus entsprechenden Stress-Tests sein. Andererseits sollen Stress-Tests aber auch dazu dienen, die Auswirkungen möglicher Extremereignisse zu untersuchen, die sich nicht mit den üblichen Risikofaktoren der jeweiligen Verlustverteilung abbilden lassen.[422] Dabei ist hervorzuheben, dass Stress-Tests nicht primär dazu dienen sollen, den im Rahmen von Risikomodellen ermittelten ökonomischen Kapitalbedarf zu erhöhen. Ihre Verwendung soll vielmehr dazu beitragen, den im Rahmen von Risikomodellen auf Einzelrisiko- und Gesamtbankebene ermittelten ökonomischen Kapitalbedarf zu plausibilisieren.[423] Nur sehr vereinzelt finden sich in der Literatur Empfehlungen dazu, auch den RDP-Bestand bzw. das maximale RDP-Volumen unter Stress-Bedingungen zu untersuchen (was nach Ansicht des Verfassers aber durchaus sinnvoll wäre).[424] Meist werden Stress-Tests nur auf die Risikosituation der Institute bezogen. Dieser Sichtweise folgt bislang auch die deutsche Bankenaufsicht.[425]

Regulatorisch vorgegeben ist lediglich, dass Stress-Tests sowohl historische, als auch hypothetische und sowohl institutsinterne, als auch marktbedingte Stress-Szenarien berücksichtigen müssen.[426] Darüber hinaus finden sich keine konkreten Vorgaben für die Verwendung und Ausgestaltung von Stress-Tests für einzelne Risikoarten oder für das auf Gesamtbanke-

---

[420] Vgl. Bundesanstalt für Finanzdienstleistungsaufsicht (2010), AT 4.3.3.
[421] Vgl. Oesterreichische Nationalbank (2006), S. 67.
[422] Vgl. Bundesanstalt für Finanzdienstleistungsaufsicht (2011b), S. 14.
[423] Vgl. Basel Committee on Banking Supervision (2008), S. 17.
[424] Vgl. Oesterreichische Nationalbank (2006), S. 67.
[425] Vgl. Bundesanstalt für Finanzdienstleistungsaufsicht (2011b), S. 14.
[426] Vgl. Bühner / Dicken / Wenner (2010), S. 138-140.

bene aggregierte ökonomische Kapital.[427] Vor diesem Hintergrund werden nachfolgend die häufigsten Grundformen von Stress-Tests nur allgemein dargestellt.

Die nachstehende Abbildung bietet zunächst eine Möglichkeit zur Kategorisierung von Stress-Tests.

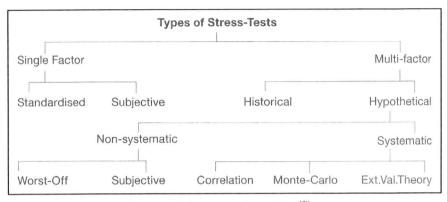

Abb. 45: Arten und mögliche Kategorisierung von Stress-Tests[428]

Bei den als **Single Factor** bezeichneten Stress-Tests wird lediglich die potentielle Auswirkung der Veränderung eines Risikofaktors (im Marktrisikobereich z. B. nur eine starke Parallelverschiebung der Zinskurve) betrachtet. Weil sich aber in realen Stress-Situationen üblicherweise gleich ein ganzes Bündel von Risikofaktoren verändert, sind Single Factor Stress-Tests in erster Linie nur für die Überprüfung der Sensitivität einzelner Positionen auf die Veränderung bestimmter Risikofaktoren geeignet. Werden derartige Stress-Tests standardisiert verwendet, so bietet dies den Vorteil, dass die jeweiligen Ergebnisse leicht interpretierbar und aggregierbar sind. Dem gegenüber ist allerdings zu bemängeln, dass reale Stress-Szenarien bestenfalls sehr grob approximiert werden können und der jeweils gestresste Risikofaktor ggf. nur bedingt relevant für eine spezielle Risikoposition ist. Mit subjektiven Single Factor Stress-Tests kann diesem Manko zwar durch eine individuelle Auswahl des jeweils zu stressenden Risikofaktors begegnet werden, dies geht jedoch automatisch zu Lasten der Objektivität und Vergleichbarkeit der Ergebnisse.[429]

---

[427] Vgl. Reitz (2008), S. 320-321 *und* Gehrmann (2008), S. 116.
[428] Vgl. Reitz (2008), S. 328.
[429] Vgl. Reitz (2008), S. 328-329.

Die als **Multi Factor** bezeichneten Stress-Tests bieten durch die simultane Veränderung mehrerer Risikofaktoren eine deutlich größere Realitätsnähe. Mit ihnen ist es einerseits möglich die potentiellen Auswirkungen realer, historischer Krisen-Szenarien auf eine Risikoposition, ein Portfolio oder die Gesamtbank zu untersuchen. Dabei werden häufig historische Risikofaktorveränderungen verwendet, die während prominenter Krisen bzw. Stress-Szenarien beobachtet wurden.[430] Die nachstehende Abbildung zeigt eine Auswahl von historischen Krisen-Szenarien.

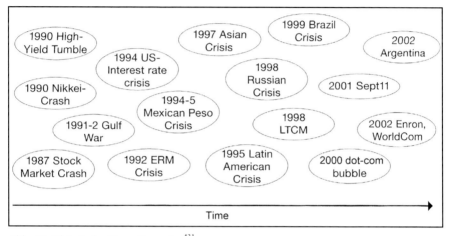

Abb. 46: Historische Stress-Szenarien[431]

Andererseits können aber auch hypothetische Stress-Szenarien neu entwickelt bzw. simuliert werden. Diese Art von Stress-Tests eignet sich besonders gut für Situationen, in denen eine gemeinsame starke Veränderung ganz bestimmter Risikofaktoren für wahrscheinlich gehalten wird und die daraus ggf. resultierenden Effekte auf eine Risikoposition, ein Portfolio oder die Gesamtbank abgeschätzt werden sollen. Bei der „non-systemic" Variante hypothetischer Stress-Tests kann weiter in ein sogenanntes „worst-off" Vorgehen und ein „subjective" Vorgehen unterschieden werden. Bei der worst-off Variante wird lediglich die Auswirkung einer starken Veränderung mehrerer Risikofaktoren, ohne Berücksichtigung potentieller Korrelationsveränderungen untersucht. Bei der subjective Variante werden auf Basis von Expertenmeinungen sowohl die Veränderungen der einzelnen Risikofaktoren, als auch ggf. neue Korrelationsbeziehungen modelliert und ihre potentiellen Auswirkungen untersucht.

---

[430] Vgl. Reitz (2008), S. 329.
[431] Vgl. Reitz (2008), S. 330.

Die „systemic" Variante hypothetischer Stress-Tests zielt darauf ab, die Veränderung von Risikofaktoren und die zwischen ihnen bestehenden Korrelationen so zu modellieren, dass sie sich in Übereinstimmung mit empirischen (historischen) Beobachtungen befinden. Bei der als „Corre-lation" bezeichneten Variante geht es darum, nur für einzelne als besonders kritisch angesehene Risikofaktoren eine starke Veränderung zu unterstellen. Für alle übrigen Risikofaktoren wird hier ein normaler Verlauf unterstellt und auch die für den Normalfall angenommenen Korrelationen bleiben unverändert. Bei der „Monte-Carlo" Variante wird dagegen eine Monte-Carlo Simulation verwendet, um die möglichen Veränderungen der Risikofaktoren sowie der angenommenen Korrelationen zu simulieren und die sich daraus ergebenden Ergebniseffekte abzuschätzen. Bei Verwendung der „Extremwert-Theorie" zielt ein Stress-Test speziell darauf ab, besonders die Auswirkungen von extrem kleinen und extrem großen Risikofaktoränderungen zu modellieren. Abschließend ist darauf hinzuweisen, dass letztlich alle unter „Systemic" aufgeführten Varianten mehr oder weniger auf der Verwendung historischer Daten beruhen und somit die Auswirkungen künftige Krisen bestenfalls näherungsweise beschreiben können.[432]

Abschließend ist noch eine besondere Art von Stress-Tests zu erwähnen, deren ergänzende Verwendung die deutsche Bankenaufsicht in den MaRisk explizit fordert.[433] Es handelt sich dabei um sogenannte **„inverse"** bzw. **Reverse Stress-Tests**. Sie stellen im Gegensatz zum regulären Stress-Test die maximale Verlustobergrenze eines Instituts in den Mittelpunkt der Betrachtung und untersuchen quasi rückwärtsgewandt,[434] welche potentiellen Ereignisse und Szenarien einen solchen Maximalverlust verursachen könnten.[435] Aus diesem Grund zwingen Reverse Stress-Test eine Bank zunächst dazu, sich intensiv mit den für sie risikoreichsten Geschäftsbereichen und Einzelrisiken auseinanderzusetzen[436] und diese dann gezielt einem Stress-Test zu unterziehen.[437]

Weitergehende Informationen zur konkreten Umsetzung von Stress-Tests finden sich in folgenden Quellen:
- Reitz (2006), S. 577-589.
- Reitz (2008), S. 325- 346.

---

[432] Vgl. Reitz (2008), S. 332.
[433] Vgl. Bundesanstalt für Finanzdienstleistungsaufsicht (2010), AT 4.3.3.
[434] Vgl. Seifert / Jürgens (2011), S. 19.
[435] Vgl. Drüen / Florin (2010), S. 1.
[436] Vgl. Klauck / Liermann (2009), S. 1-2.
[437] Vgl. Hirschmann (2010a), S. 1.

4 Mögliche Problemfelder bei der regulatorischen Beurteilung ökonomischer Risikotragfähigkeitskonzepte

4.1 Grundsätzliche Herausforderungen des qualitativen Aufsichtsansatzes der deutschen Bankenaufsicht

Nachdem in Kapitel 2 zunächst die Hintergründe und die spezifischen regulatorischen (Mindest-) Anforderungen an die Verwendung ökonomischer RTF-Konzepte dargestellt und in Kapitel 3 sowohl die Grundlagen, als auch zahlreiche Umsetzungs- und Ausgestaltungsmöglichkeiten ökonomischer RTF-Konzepte vorgestellt wurden, beschäftigt sich dieses Kapitel schließlich mit den daraus resultierenden Herausforderungen und Fragestellungen für die regulatorische Beurteilung der Konzepte.

Allgemein ist die regulatorische Beurteilung der Frage, ob ein RTF-Konzept für ein bestimmtes Institut in Sinne des ICAAP[438] bzw. der MaRisk[439] als „angemessen" bezeichnet werden kann, von der Berücksichtigung einer Vielzahl institutsindividueller Sachverhalte und der Klärung zahlreicher Einzelfragen abhängig. Zu beurteilen sind dabei etwa die folgenden Aspekte:

- Korrespondieren Umfang und Detaillierungsgrad des ökonomischen RTF-Konzepts mit der Aufbauorganisation und den Geschäftsaktivitäten eines Instituts?
- Werden alle für ein Institut wesentlichen Risiken in das ökonomische RTF-Konzept einbezogen?
- Sind die zur (Einzel-) Risikoquantifizierung eingesetzten Methoden und Verfahren, gemessen am Risikogehalt und der Komplexität der individuellen Geschäftsstruktur eines Instituts, richtig dimensioniert und werden sie richtig angewendet?
- Sind die zur Risikoaggregation eingesetzten Methoden und die ggf. verwendeten Korrelations- und Diversifikationsannahmen mit Blick auf Art und Umfang der Geschäftsaktivitäten eines Instituts hinreichend konservativ?
- Sind alle in das RDP einbezogenen Komponenten nachvollziehbar und erfolgt die Ermittlung methodisch sauber? (D. h. wird das RDP durchgängig barwertig oder Bilanz- und GuV-orientiert ermittelt?)

---

[438] Vgl. Basel Committee on Banking Supervision (2005), S. 167-170.
[439] Vgl. Bundesanstalt für Finanzdienstleistungsaufsicht (2010), AT 1 Vorbemerkungen, Tz. 2, S. 2.

- Werden die für die Gegenüberstellung von ökonomischem Kapital und RDP jeweils gewählten Ansätze (Going-Concern oder Gone-Concern) bezüglich der Komponenten des RDP stringent und widerspruchsfrei umgesetzt? (Beispielsweise wäre die Einbeziehung künftiger Gewinne in einem Gone-Concern-Ansatz zu bemängeln.)
- Ist die von einem Institut ausgewiesene Risikotragfähigkeitsrelation auch unter Berücksichtigung aller nicht im ökonomischen Kapital abgebildeten Risiken noch als ausreichend anzusehen?
- Werden alle Methoden und Prozesse des RTF-Konzepts fortlaufend (mindestens aber jährlich) und mit dem nötigen Sachverstand umgesetzt?
- Werden die Ergebnisse des ökonomischen RTF-Konzepts tatsächlich im Rahmen der strategischen und operationellen Unternehmensführung und im internen Risikomanagement genutzt?[440]

Allein schon aus dieser groben Aufzählung wichtiger Einzelfragen wird deutlich, dass die Beurteilung der qualitativen regulatorischen Vorgaben zur Ausgestaltung und Umsetzung ökonomischer RTF-Konzepte sowohl an den ökonomischen Sachverstand, als auch an den Zeitbedarf der Aufsicht deutlich höhere Anforderungen stellt, als die stärker normierte Überwachung der Mindest-Eigenmittelanforderungen nach Säule 1 von Basel II.

Um die Angemessenheit eines RTF-Konzeptes sinnvoll beurteilen zu können, muss darüber hinaus ein stetiger und sehr enger Kontakt zwischen Instituten und Aufsicht sowie eine kontinuierliche Begleitung der institutsindividuellen Risikoentwicklung sichergestellt werden.[441] Weiterhin müssen sich die Aufsichtsmitarbeiter stets über neue Entwicklungen auf dem Gebiet der Risikoquantifizierung (siehe Kapitel 3) informieren und gleichzeitig alle Finanzproduktinnovationen nachvollziehen, um die daraus ggf. resultierenden Risiken erkennen und im Rahmen ihrer Beurteilung berücksichtigen zu können. In Bezug auf die tatsächlichen Prüfungshandlungen ist zusätzlich die im SREP und in den MaRisk verankerte Proportionalitätsanforderung zu beachten, die insbesondere im Bereich der großen und international tätigen Institute zu einer sehr detaillierten Befassung mit den einzelnen Risiko-

---

[440] Vgl. Becker (2008), S. 135-139 *und*
Basel Committee on Banking Supervision (2005), S. 167-169 *und*
Basel Committee on Banking Supervision (2008), S. 10-11.
[441] Vgl. Deutsche Bundesbank (2007), S. 68.

quantifizierungsmodellen und den jeweils verwendeten Verfahren zur Risikoaggregation (z. B. Verwendung von Copulas[442]) führt.[443]

Berücksichtigt man vor diesem Hintergrund, dass in Deutschland allein im Jahr 2009[444] etwa 2.080 Kreditinstitute[445] zu beaufsichtigen waren und dafür (unter Berücksichtigung von BaFin und Deutscher Bundesbank) insgesamt nur ca. 1.100 operativen Bankaufseher[446] zur Verfügung standen, so wird deutlich, dass es für die Bankenaufsicht außerordentlich schwierig ist, alle an sie gestellten Anforderungen stets vollständig zu erfüllen.[447]

4.2 Kritische Aspekte bei der regulatorischen Beurteilung des Risikodeckungspotentials

Bei der Beurteilung des RDP ist zunächst festzuhalten, dass es nicht „das RDP" gibt. In der Praxis sind vielmehr zahlreiche unterschiedliche, institutsindividuelle Varianten zu beurteilen.[448] Dabei bietet die Einbeziehung verschiedener Komponenten Anlass zu einer kritischen Reflektion. Die Angemessenheit der Einbeziehung einzelner Komponenten ist dabei oftmals auch davon abhängig, ob ein Institut die Risikotragfähigkeit primär aus einer Going-Concern-Perspektive betrachtet oder ob es eine Gone-Concern-Sichtweise nutzt und die stetige Einhaltung der bilanziellen und regulatorischen Mindest-Eigenmittelanforderungen nur über eine Parallelrechnung (als streng einzuhaltende Nebenbedingung) sicherstellt. Trotz der in der Theorie relativ einfachen Abgrenzung zwischen beiden Ansätzen, ist eine absolut saubere Trennung in der Praxis jedoch kaum möglich. In Abhängigkeit von der institutsindividuellen Definition des RDP ergibt sich vielmehr ein breites Spektrum an Mischformen, auf das die Aufsicht mit einer ebenso flexiblen Beurteilung reagieren muss.[449]

Nachfolgend wird erläutert auf welche Aspekte die Bankenaufsicht bei der Beurteilung einzelner Komponenten des RDP besonders achten sollte:

---

[442] Siehe dazu Abschnitt 3.3.5.
[443] Vgl. Deutsche Bundesbank (2007), S. 68.
[444] Aktuellere, offiziell verfügbare Daten zur Zahl der in der operativen Bankenaufsicht beschäftigten Mitarbeiter von BaFin und Bundesbank liegen leider nicht vor. Es kann jedoch davon ausgegangen werden, dass sich die Gesamtzahl mittlerweile um ca. 100 Personen erhöht hat.
[445] Vgl. Hüther / Hellwig / Hartmann-Wendels (2009), S. 137.
[446] Vgl. Hüther / Hellwig / Hartmann-Wendels (2009), S. 136.
[447] Vgl. Hüther / Hellwig / Hartmann-Wendels (2009), S. 89-91.
[448] App (2006), S. 10.
[449] Vgl. Bundesanstalt für Finanzdienstleistungsaufsicht (2011b), S. 4.

Plangewinne

Die Berücksichtigung geplanter Gewinne (im Rahmen einer Bilanz- und GuV-orientierten RDP-Ermittlung) bzw. der Performance (im Rahmen einer barwertigen RDP-Ermittlung) sollte grundsätzlich nur dann erfolgen, wenn entsprechend auch erwartete Verluste berücksichtigt werden. Darüber hinaus ist eine Einbeziehung geplanter Gewinne in das RDP nur dann akzeptabel, wenn ihr Eintreten quasi als sicher angenommen werden kann. Je unsicherer ihre Realisierung ist, desto eher sollte von einer Berücksichtigung im RDP abgesehen werden. Die Berücksichtigung eines Plangewinns bzw. einer Performance im Rahmen von Gone-Concern-Ansätzen schließt sich aus Konsistenzgründen aus, sofern das Institut nicht schlüssig darlegen kann, dass der geplante Gewinn (oder zumindest Teile davon) auch im Liquidationsfall realisierbar wäre.[450]

Nachrangige Verbindlichkeiten und Haftsummenzuschläge

Unabhängig davon, ob eine barwertige oder eine Bilanz- und GuV-orientierte RDP-Ermittlung vorliegt, können nachrangige Verbindlichkeiten, Haftsummenzuschläge[451] und sonstige bedingte Kapitalinstrumente (z. B. die unter dem Begriff CoCo-Bonds[452] bekannten Wandelanleihen), die per Definition nur im Krisen- oder Insolvenzfall zur Verlustdeckung herangezogen werden können, nur im Rahmen von Gone-Concern-Ansätzen berücksichtigt werden.[453]

Stille Reserven

Stille Reserven sind auf Grund ihrer üblicherweise nicht gegebenen Fungibilität stets mit einem hohen Bewertungsrisiko verbunden. Insbesondere stille Reserven aus nicht börsengehandelten Beteiligungen und Immobilien können aus regulatorischer Sicht deshalb nur dann zum RDP gezählt werden, wenn ihre kurzfristige Realisierbarkeit durch entsprechende Wertgutachten o. Ä. nachweisbar ist. Die dennoch verbleibende Bewertungsunsicherheit sollte durch risikoadäquate Bewertungsabschläge berücksichtigt werden. Ist ihre kurzfristige Realisierbarkeit nicht nachweisbar, so können sie bei einer Bilanz- und GuV-orientierten RDP-Ermittlung nicht in Ansatz gebracht werden bzw. müssen bei einer barwertorientierten RDP-Bestimmung vom ermittelten Gesamtbankbarwert abgezogen werden. Darüber hinaus müssen bei einer Bilanz- und GuV-orientierten Berücksichtigung stiller Reserven aus Konsis-

---

[450] Vgl. Bundesanstalt für Finanzdienstleistungsaufsicht (2011b), S. 5.
[451] Haftsummenzuschläge haben nur im Bereich der Kreditgenossenschaften eine Bedeutung. Vgl. Bieg / Krämer / Waschbusch (2009), S. 131-133.
[452] Der Begriff „CoCo" steht für „Contingent Convertibles". Vgl. von Furstenberg (2011), S. 3-6.
[453] Vgl. Bundesanstalt für Finanzdienstleistungsaufsicht (2011b), S. 6.

tenzgründen auch ggf. bestehende stille Lasten von RDP abgezogen werden. In der barwertigen Betrachtungsweise werden stille Lasten automatisch mit berücksichtigt. Weiterhin darf die Berücksichtigung stiller Reserven nicht zu einer faktischen Doppelanrechnung bestimmter Komponenten (z. B. barwertige Berücksichtigung stiller Reserven in einer festverzinslichen Wertpapierposition und gleichzeitige Bilanz- und GuV-orientierte Berücksichtigung der erwarteten Zinserträge im Plangewinn, etc.) führen.[454]

Aktive latente Steuern

Aktive latente Steuern sind aus der ökonomischen Perspektive nichts anderes als Steuerminderungen, die ein Unternehmen in der Zukunft in Anspruch nehmen kann, sofern es Gewinne erwirtschaftet. Vor diesem Hintergrund wird bereits deutlich, dass ihr Ansatz im Rahmen von Gone-Concern-Konzepten aus Konsistenzgründen grundsätzlich nicht möglich ist. Doch auch im Fall von Going-Concern-Ansätzen ist die Berücksichtigung aktiver latenter Steuern diskussionsbedürftig, weil ihr entlastender Effekt nur dann eintritt, wenn in der Zukunft tatsächlich entsprechend hohe Gewinne realisiert werden können. Ausgehend davon, dass das RDP aber gerade dazu dienen soll potentielle Verluste auszugleichen, ist eine Berücksichtigung aktiver latenter Steuern zumindest nicht frei von Widersprüchen.[455]

Goodwill

Der Goodwill stellt normalerweise lediglich einen derivativen Geschäfts- oder Firmenwert dar, dem keine effektiv vorhandenen Vermögenswerte gegenüberstehen. Eine Ausnahme von dieser Regel würde bestenfalls ein besonderer Markenname wie etwa „Coca-Cola" (o. Ä.) darstellen, der auch separat veräußerbar wäre. Üblicherweise würde sich der Wert eines Goodwills jedoch gerade in Krisenzeiten deutlich reduzieren oder gänzlich auflösen. Vor diesem Hintergrund erscheint die Berücksichtigung eines Goodwill im Rahmen einer Bilanz- und GuV-orientierten RDP-Bestimmung sowohl bei einer Gone-Concern-, als auch für einer Going-Concern-Betrachtung nicht angemessen. Von einem barwertig bestimmten RDP sollten ggf. Abschläge für einen implizit enthaltenen Goodwill vorgenommen werden.[456]

Neben den zuvor beschriebenen Besonderheiten, die zumeist die Bilanz- und GuV-orientierte Bestimmung des RDP betreffen, sind nachfolgend noch zwei Problemfelder zu beleuchten, die sich ausschließlich im Rahmen von barwertigen RDP-Ermittlungen ergeben können.

---

[454] Vgl. Bundesanstalt für Finanzdienstleistungsaufsicht (2011b), S. 6-8.
[455] Vgl. Bundesanstalt für Finanzdienstleistungsaufsicht (2011b), S. 10.
[456] Vgl. Bundesanstalt für Finanzdienstleistungsaufsicht (2011b), S. 10.

Annahme einer Ablauffiktion für Bilanzpositionen ohne fixe Laufzeit

Wie bereits in Abschnitt 3.2.2 erläutert, können Bilanzpositionen, die über keinen unmittelbaren Markt- oder Börsenpreis verfügen, mit Hilfe der Discounted-Cashflow-Methode bewertet werden. Dazu müssen sie allerdings in ihre Einzel-Cashflows zerlegt und mit einem jeweils geeigneten Zinssatz diskontiert werden. Liegen nun Positionen ohne fixe Laufzeit vor (wie z. B. Immobilien oder Sparguthaben), für deren Bewertung auch keine Vergleichswerte verfügbar sind, so müssen für sie geeignete Ablauffiktionen (fiktive Laufzeiten) geschätzt werden, um die Discounted-Cashflow-Methode anwenden zu können. Zur Beurteilung bzw. Plausibilisierung der geschätzten Ablauffiktion können beispielsweise das historische Kundenverhalten oder qualifizierte Expertenschätzungen herangezogen werden. Im Fall von Immobilien werden oft 20-30 Jahren oder die ökonomische Restnutzungsdauer angesetzt.[457] Die geschätzten Ablauffiktionen sind dabei regulatorisch auf ihre Plausibilität zu prüfen.

Diskontierungszinssatz für eigene Verbindlichkeiten

Nutzt ein Institut im Rahmen der Bewertung seiner eigenen Verbindlichkeiten mittels Discounted-Cashflow-Methode keinen risikolosen Marktzins, sondern (methodisch richtig) einen um seinen eigenen (bonitätsbedingten) Credit-Spread erhöhten Diskontierungszins, so ergibt sich daraus der aus bilanzieller und regulatorischer Sicht paradoxe Effekt, dass sich der Wert seiner Verbindlichkeiten mit sinkender Bonität verringert und der Unternehmensbarwert ceteris paribus erhöht. Weil die Verbindlichkeiten in einem Krisenfall aber auf Basis der bilanziellen Werte zu bedienen sind, muss ein solcher Diskontierungszins für die eigenen Verbindlichkeiten stets besonders kritisch hinterfragt werden.[458]

4.3 Potentielle Problemfelder bei der regulatorischen Beurteilung ökonomischer Risikomodelle

Aus der Darstellung häufig verwendeter Methoden und Modelle zur Quantifizierung unterschiedlicher bankgeschäftlicher Risiken in den Abschnitten 3.3 und 3.4 wird bereits deutlich, dass eine abschließende, objektive Beurteilung vor dem Hintergrund der nahezu unbegrenzten individuellen Ausgestaltungsmöglichkeiten hinsichtlich

- Risikodefinition,
- Wahl der grundsätzlichen Quantifizierungsmethode,

---

[457] Vgl. Vgl. Bundesanstalt für Finanzdienstleistungsaufsicht (2011b), S. 11.
[458] Vgl. Vgl. Bundesanstalt für Finanzdienstleistungsaufsicht (2011b), S. 12.

- Wahl der relevanten Risikoparameter,
- Wahl der Datengrundlage zur Bestimmung der Verteilungsannahmen von Risikoparametern,
- Ermittlung oder Definition von Korrelationsbeziehungen zwischen einzelnen Risikoparametern,
- Wahl des Betrachtungshorizonts,
- Wahl des Konfidenzniveaus,
- Berücksichtigung von Stress-Tests oder Expertenschätzungen und
- ggf. Wahl einer Methode zur Skalierung von Konfidenzniveau und Betrachtungshorizont auf die im RTF-Konzept benötigten Werte

kaum möglich ist. Die regulatorische Beurteilung kann vielmehr nur eine jeweils subjektiv beeinflusste Einschätzung der mit der Beurteilung betrauten Aufsichtsmitarbeiter sein, zumal sich für die meisten Risikoarten bislang auch noch kein einheitlicher Marktstandard oder zumindest allgemein akzeptierte Best-Practice-Vorgaben herausgebildet haben.[459]

Davon abgesehen ist die häufige Verwendung des VaR als alleiniges Risikomaß für fast alle Risikoarten kritisch zu hinterfragen. Obwohl allgemein bekannt ist, das der VaR lediglich den (maximalen) Verlust quantifizieren kann, der mit einer bestimmten Wahrscheinlichkeit innerhalb eines bestimmten Betrachtungshorizonts nicht über schritten wird,[460] kommt er vielfach auch für solche Risikoarten als einziges Risikomaß zum Einsatz, deren (Verlust-) Verteilungsfunktionen regelmäßig besonders stark ausgeprägte Verteilungsenden (sog. fat tails) aufweist, wie etwa Kredit- und insbesondere operationelle Risiken.[461] Gerade hier wäre es aber für eine angemessene Gesamtrisikobetrachtung erforderlich, auch eine Abschätzung der potentiellen Verluste vorzunehmen, die sich jenseits des definierten Konfidenz-niveaus befinden. Besonders kritisch ist dieser Sachverhalt deshalb zu beurteilen, weil mit der ergänzenden Bestimmung eines Expected Shortfall[462] meist eine gute Möglichkeit bestünde, genau diese Fragestellung näher zu beleuchten. In der Praxis wird davon jedoch bislang kaum Gebrauch gemacht. Ganz im Gegenteil versuchen einige Institute sogar den sich aus dem Mittelwert einer Verteilungsannahme unter Berücksichtigung von Extremwerten ergebenden Expected Loss als Indikator für die zu vereinnahmenden Standardrisikokosten zu ignorieren

---

[459] Vgl. Basel Committee on Banking Supervision (2008), S. 30-31.
[460] Siehe dazu auch Abschnitt 3.3.4.1.
[461] Siehe dazu auch Abschnitt 3.4.3.
[462] Siehe dazu auch Abschnitt 3.3.4.1.

und verwenden statt dessen nur den Mittelwert einer eigenen, relativ kurzen Verlustdatenhistorie, die keine Extremwerte beinhaltet.[463]

Daran anknüpfend ist auf das für fast alle Risikoarten geltende Problem einer häufig sehr begrenzten Anzahl und Güte historischer Daten bezüglich
- aufgetretener Verluste,
- relevanter Risikofaktoren und
- zwischen ihnen bestehender Korrelationen

hinzuweisen.[464] Ohne eine solide Datengrundlage ist aber eine statistisch valide Schätzung der für die meisten Risikomodelle benötigten Verteilungsfunktion nicht möglich.[465] Dies gilt unabhängig davon, wie aufwendig und komplex das jeweilige Risikoquantifizierungsmodell auch sein mag. Das aus der Informatik bekannte „GIGO"-Prinzip (garbage in -> garbage out) gilt auch hier. Vor der Gefahr einer durch hoch komplexe Methoden und Systeme vermittelten Scheingenauigkeit ist deshalb ausdrücklich zu warnen.[466] Besonders ausgeprägt ist dieses Problem im Bereich der Risiken, für die erst seit relativ kurzer Zeit ökonomische Risikoquantifizierungsmodelle entwickelt und eingesetzt werden, wie etwa im Bereich des strukturellen Liquiditätsrisikos[467] und des operationellen Risikos.[468] Die Tatsache, dass in der Praxis aber gerade im Bereich der operationellen Risiken mit signifikant hohen Diversifikationseffekten (von -50 % und mehr)[469] zwischen den einzelnen operationellen Teilrisiken gearbeitet wird, ist vor diesem Hintergrund bedenklich. Aus regulatorischer Sicht sollte gerade bei einer schwachen Datenlage oder bei relativ unsicheren Korrelationsbeziehungen besonders vorsichtig und konservativ agiert werden.[470] Einen Beitrag zur Linderung des Daten-Problems könnte ggf. eine stärkere Nutzung von institutsübergreifenden Datenpools bieten.[471] Einzig im Marktrisikobereich ist die Verfügbarkeit historischer Daten durch eine Vielzahl öffentlicher und frei zugänglicher Marktdaten als vergleichsweise gut zu beurteilen.

Davon unbenommen existieren aber auch im Bereich des Marktrisikos eine Reihe spezifischer Probleme, die bei der regulatorischen Beurteilung berücksichtigt werden sollten. Zunächst ist

---

[463] Siehe dazu auch Abschnitt 3.4.3.
[464] Vgl. Basel Committee on Banking Supervision (2008), S. 30-31.
[465] Vgl. Frohböse (2008), S. 263-264.
[466] Vgl. Basel Committee on Banking Supervision (2008), S. 31.
[467] Siehe dazu auch Abschnitt 3.4.4.
[468] Vgl. Boos / Schulte-Mattler (2001), S. 553. Siehe dazu auch Abschnitt 3.4.3.
[469] Siehe dazu auch Abschnitt 3.4.3.
[470] Vgl. Beck / Lesko (2011), S. 9.
[471] Vgl. Hirschmann (2010b), S. 1.

darauf hinzuweisen, dass gerade wegen der im Bereich des Marktrisikos relativ langen Tradition einer Risikoquantifizierung mittels Varianz-Kovarianz-basierter VaR-Ansätze die Gefahr besteht, dass gewohnheitsmäßig für unterschiedlichste Finanzprodukte immer wieder auf dieselben Risikoparameter (mit einer soliden Datenhistorie) zurückgegriffen wird. Ohne eine produktindividuelle Analyse der jeweils „passenden" Risikofaktoren kann es so jedoch leicht vorkommen (z. B. für hoch komplexe, derivative Finanzinstrumente), dass Institute nicht die besten bzw. aussagekräftigsten Risikofaktoren oder Risikofaktor-Kombinationen für die Risikoquantifizierung berücksichtigen.[472] Darüber hinaus ist zu kritisieren, dass die mit der Varianz-Kovarianz-Methode unmittelbar verbundene Normalverteilungsannahme meist relativ unreflektiert akzeptiert wird, obwohl empirische Studien zeigen, dass es in der Praxis viel häufiger zu sehr starken Kurs- bzw. Wertveränderungen kommt, als dies bei einer Normalverteilung zu erwarten wäre. Insofern scheint Vieles darauf hinzudeuten, dass das Phänomen der „fat tails" künftig auch hier stärker zu berücksichtigen ist.[473] Weiterhin ist auf den „local valuation"-Ansatz der Varianz-Kovarianz-Methode einzugehen. Er bedingt, dass die Varianz-Kovarianz-Methode nur für relativ kleine Änderungen der Risikofaktoren angemessen genaue Schätzungen liefert.[474] Für starke Kursveränderungen (wie zuvor beschrieben) werden die Schätzungen jedoch relativ unpräzise. Dies gilt umso mehr, wenn beispielsweise das Risiko aus Portfolien mit Optionspositionen zu bestimmen ist, deren Wertveränderung üblicherweise nichtlinear verläuft.[475]

Weiterhin ist kritisch darauf hinzuweisen, dass Institute auf operativer Ebene für unterschiedliche Risikobereiche oftmals andere Konfidenzniveaus und Betrachtungszeiträume nutzen, als auf Ebene ihrer RTF-Konzepte. Die dadurch erforderlichen, nachträglichen Umrechnungen bereits ermittelter Risikogrößen (VaRs) auf andere Konfidenzniveaus und Bezugszeiträume bergen die Gefahr von zusätzlichen Ungenauigkeiten und Schätzfehlern.[476] Regulatorisch sollte hier auf eine möglichst große Validität und Konservativität der vorgenommenen Umskalierungen geachtet werden.

---

[472] Vgl. Auer (2002), S. 53.
[473] Vgl. Auer (2002), S. 53.
[474] Vgl. Frohböse (2008), S. 264-265.
[475] Vgl. Auer (2002), S. 53.
[476] Vgl. Zurek (2009), S. 45-46.

4.4 Herausforderungen für die Gesamtbeurteilung ökonomischer Risikotragfähigkeitskonzepte

Bei der Beurteilung der RTF-Konzepte auf Gesamtbankebene besteht ein Hauptproblem darin, die Angemessenheit der Aggregation von Einzelrisiken zum ökonomischen Kapital auf Gesamtbankebene bzw. die Angemessenheit der in einer bestimmten Aggregationsmethode[477] verwendeten Inter-Risk-Korrelationsannahmen zu beurteilen. Auch hier fällt eine objektive Einschätzung schwer, weil es (ebenso wie bei der Risikoquantifizierung auf Einzelrisikoebene) bislang keinen ausgeprägten Marktstandard oder entsprechende Best-Practice-Vorgaben gibt. Zwar verwendet eine Vielzahl der Institute eine auf der Varianz-Kovarianz-Methode basierende Aggregation, doch sind die jeweils verwendeten Inter-Risk-Korrelationsannahmen weder einheitlich,[478] noch erscheint die implizite Unterstellung, dass ein aggregiertes Gesamtbankrisiko einer Normalverteilung folgt,[479] vor dem Hintergrund plausibel, dass zumindest das Kreditrisiko und auch das operationelle Risiko mit an Sicherheit grenzender Wahrscheinlichkeit keiner Normalverteilung folgen.[480] Darüber hinaus ist auch die implizite Unterstellung, dass die aggregierten Risiken nur lineare Korrelationen aufweisen bei näherer Betrachtung kritisch zu beurteilen.[481] Vor diesem Hintergrund sind aber auch hoch komplexe Aggregationsverfahren, wie etwa die Verwendung von Copulas, aus regulatorischer Sicht nicht zwingend besser oder „angemessener" zu beurteilen, als beispielsweise eine einfache unkorrelierte Aggregation oder eine Aggregation unter Verwendung eines fixen Diversifikationsfaktors. Es kommt vielmehr darauf an, dass die in der jeweiligen Aggregationsmethode verwendeten Korrelationsannahmen gut belegbar und auch unter Berücksichtigung von Stress-Szenarien haltbar sind. Im Zweifel sollte hier immer einer konservativeren Methode der Vorzug gegeben werden.[482]

Ein weiteres Problem besteht darin zu beurteilen, ob tatsächlich alle für ein Institut wesentlichen Risiken im ökonomischen Kapital erfasst und alle übrigen Risiken zumindest angemessen im ökonomischen RTF-Konzept (z. B. in Form von pauschalen Zuschlägen)[483] berücksichtigt werden.[484] Dabei ist besonders auf eine angemessene Berücksichtigung von jenseits

---

[477] Siehe dazu auch Abschnitt 3.4.5.
[478] Vgl. Basel Committee on Banking Supervision (2008), S. 28-29.
[479] Vgl. Beck / Kramer (2010), S. 73-74.
[480] Siehe dazu auch Abschnitte 3.4.2 und 3.4.3.
[481] Siehe dazu auch Abschnitt 3.4.5.
[482] Vgl. Basel Committee on Banking Supervision (2008), S. 31.
[483] Vgl. Becker / Schmitt / Winkler (2010), S. 181.
[484] Vgl. Akademie Deutscher Genossenschaften ADG e.V. (2011), S. 2.

des VaR-Konfidenzniveaus liegenden „tail risks" (z. B. im Bereich der operationellen Risiken) zu achten. Zur groben Abschätzung der nicht explizit im RTF-Konzept enthaltenen Risikovolumina kann ein Blick auf die Geschäftsstruktur und die jeweiligen Volumina der einzelnen Geschäftsbereiche hilfreich sein. Insgesamt mangelt es auch hier bislang an einem Marktstandard oder einer Best-Practice-Vorgabe, zumal es den Instituten von regulatorischer Seite bisher sogar freigestellt wird, z. B. das strategische Liquiditätsrisiko nicht zu berücksichtigen, obwohl es allgemein und auch nach den MaRisk als für alle Institute wesentlich angesehen wird.[485] Darüber hinaus existiert auch für eine angemessene Berücksichtigung von nicht als wesentlich definierten Risiken (z. B. durch pauschale Zuschläge, etc.) kein allgemeiner Marktstandard, der zur Orientierung dienen könnte.

Als letztes ist noch auf die Problematik bei der Beurteilung der Angemessenheit von Stress-Tests einzugehen. Obwohl ihre Verwendung sowohl auf Einzelrisiko-, als auch auf Gesamtbankebene bei der Bestimmung des aggregierten ökonomischen Kapitals regulatorisch gefordert wird,[486] steckt die Verwendung von Stress-Tests in der Praxis vielfach noch in den Kinderschuhen und es fehlt somit auch hier an Marktstandards oder Best-Practice-Vorgaben als Vergleichsmaßstab.[487] Ob die jeweils implementierten Stress-Tests vor dem Hintergrund der individuellen Risikosituation bzw. des gesamtbankbezogenen Risikoprofils angemessen sind, kann deshalb auch hier nur durch eine subjektiv beeinflusste Einschätzung des bzw. der jeweils zuständigen Bankaufseher erfolgen.

4.5 Ansatz zur Optimierung der regulatorischen Beurteilung ökonomischer Risikotragfähigkeitskonzepte

Ausgehend von der vorangegangenen Analyse möglicher Problemfelder bei der regulatorischen Beurteilung institutsindividueller RTF-Konzepte wird deutlich, dass ein Hauptproblem darin besteht, dass es bislang weder eindeutig definierte regulatorische Vorgaben, noch allgemein anerkannte Marktstandards oder Best-Practice-Beispiele für ihre Umsetzung und die Ausgestaltung ihrer methodischen Komponenten gibt. Dies führt dazu, dass bislang seitens der Bankenaufsicht ein extrem hoher zeitlicher und intellektueller Aufwand zur

---

[485] Vgl. Bundesanstalt für Finanzdienstleistungsaufsicht (2010), AT 2.2.
[486] Siehe dazu Abschnitt 3.6.
[487] Vgl. Basel Committee on Banking Supervision (2008), S. 17 *und*
Deutsche Bundesbank (2007), S. 71.

individuellen Beurteilung der RFT-Konzepte betrieben werden muss,[488] ohne dadurch jedoch objektive oder zumindest an Vergleichsgrößen orientierte Ergebnisse erzielen zu können, die für ihre effektive regulatorische Nutzung zwingend erforderlich wären.

Um die Beurteilung und die laufende Überwachung der RTF-Konzepte durch die Bankenaufsicht effizienter und gleichzeitig objektiver zu gestalten, bietet es sich deshalb an, aufsichtsseitig selbst ein einheitliches, relativ konservatives Standard-RTF-Konzept vorzugeben und nur noch die RTF-Konzepte von Banken genauer zu untersuchen, die (gerechtfertigter oder ungerechtfertigter Weise) von dem Ergebnis des Standard-RTF-Konzepts signifikant abweichen oder deren Risikotragfähigkeit nach einem der beiden Konzepte nicht mehr gegeben ist.

Das Standard-RTF-Konzept müsste dazu von allen Instituten parallel zu ihrem eigenen Konzept, mit möglichst einfach und klar definierten Rahmenvorgaben, verwendet werden. Um den für RTF-Konzepte (gemäß den Vorgaben der Säule 2 von Basel II) intendierten Grundsatz der Methodenfreiheit[489] nicht einzuschränken und dadurch auch weiterhin nicht die sinnvolle Weiterentwicklung im Bereich der institutsinternen Risikosteuerung zu behindern, müsste dabei deutlich kommuniziert werden, dass das Standard-RTF-Konzept in keinster Weise als Maß aller Dinge, sondern lediglich als „Hilfsgröße" zur regulatorischen Orientierung dienen soll, von der Institute selbstverständlich begründet abweichen dürfen. Um besonders kleinere Institute mit dieser zusätzlichen regulatorischen Anforderung nicht zu überfordern bzw. übergebührend zu belasten, muss ein entsprechendes Standard-RTF-Konzept einfach und ohne allzu großen monetären oder technischen Aufwand implementierbar sein. Gleichzeitig muss es aus regulatorischer Sicht aber auch über eine ausreichende Konservativität, sowohl hinsichtlich des RDP, als auch hinsichtlich des ökonomischen Kapitals auf Gesamtbankebene, verfügen. Um zusätzlich auch den besonderen Belangen großer, international tätiger Institute gerecht zu werden, sollte ein entsprechendes Konzept möglichst auf internationaler Ebene abgestimmt und zumindest europaweit umgesetzt werden. Ein mögliches Standard-RTF-Konzept sollte inhaltlich folgende Charakteristika aufweisen:

- Verwendung eines Going-Concern-Ansatzes
- RDP-Ermittlung auf Basis von Bilanz- und GuV-Größen (ohne Berücksichtigung von Plangewinnen, stillen Reserven oder sonstigen nicht offen erkennbaren oder nachhaltig verfügbaren Positionen)

---

[488] Vgl. Deutsche Bundesbank (2007), S. 68.
[489] Vgl. Deutsche Bundesbank (2007), S. 69.

- Verpflichtende Quantifizierung von Kreditrisiken, Marktpreisrisiken, operationellen Risiken und strategischen Liquiditätsrisiken
- Nutzung der bereits implementierten, institutseigenen Risikoquantifizierungsverfahren, allerdings unter Berücksichtigung eines einheitlichen Konfidenzniveaus von z. B. 99,95 % und eines einheitlichen Betrachtungshorizonts von einem Jahr. (Für Institute, die in ihrem eigenen RTF-Konzept bislang einzelne Risiken nicht oder nur barwertig abbilden, würden aufsichtliche Standard-Risikomessverfahren vorgegeben.)
- Bestimmung des gesamtbankbezogenen ökonomischen Kapitals durch einfache additive Verknüpfung der Einzelrisiken, ohne Berücksichtigung eventueller Korrelations- bzw. Diversifikationseffekte zwischen den Risikoarten.
- Ergänzende Simulation eines standardisierten, regulatorisch vorgegebenen Stress-Szenarios.

Ausgehend von der so ermittelten Risikotragfähigkeit könnte die Bankenaufsicht dann institutsindividuelle Abweichungen (z. B. geringerer ökonomischer Kapitalbedarf durch Berücksichtigung bestimmter Korrelationen oder höheres RDP durch Berücksichtigung ergänzender Komponenten, etc.) deutlich leichter als bisher interpretieren und plausibilisieren. Selbst starke Abweichungen wären insofern regulatorisch nur dann zu beanstanden, wenn sie nicht schlüssig begründbar oder unter Stress-Annahmen nicht mehr nachvollziehbar wären.

Ein solches Standard-RTF-Konzept sollte allerdings nur als eine übergangsweise „Hilfskonstruktion" auf dem Weg zu allgemein anerkannten Markt-Standards verstanden werden. Sobald solche verfügbar sind, sollten diese auch im Standard-Konzept Berücksichtigung finden. Darüber hinaus ist deutlich darauf hinzuweisen, dass ein entsprechendes Standard-RTF-Konzept keineswegs den Eindruck vermitteln darf, dass ein Institut absolut sicher vor unvorhergesehenen Risiken ist, wenn es sein eigenes RTF-Konzept am Standard-Konzept orientiert oder es in Punkto Konservativität sogar übertrifft. Einerseits ist ein Standard-Konzept stets mit den gleichen Mess- und Schätzunsicherheiten behaftet, wie alle institutseigenen Konzepte auch. Andererseits kann eine übersteigerte Konservativität leicht zu Ertragsproblemen führen,[490] die dem langfristigen Fortbestand eines Instituts ebenfalls abträglich wären.

---

[490] Vgl. auch: Wehn (2008b), S. 34.

5 Zusammenfassung und Ausblick

5.1 Zusammenfassung wichtiger Erkenntnisse

Zusammenfassend ist festzuhalten, dass ökonomische RTF-Konzepte sowohl für die Banken ein wichtiges und sehr wertvolles Instrument zur Risikosteuerung,[491] als auch für die Bankenaufsicht ein sehr nützliches Instrument zur Sicherung der ökonomischen Solidität der Institute und des Bankenmarktes insgesamt darstellen können.[492] Richtig angewendet und auf die individuellen Bedürfnisse und Besonderheiten der einzelnen Institute abgestimmt, lassen sich durch ihren konsequenten Einsatz unvorhergesehene und existenzgefährdende Belastungen (zumindest in der Theorie) auf ein genau definierbares Minimum begrenzen.

Für die Effizienz ihrer Risikosteuerungs- und Risikobegrenzungsfunktion ist es jedoch entscheidend, wie verantwortungsvoll und methodisch richtig RTF-Konzepte eingesetzt und ihre Einzelkomponenten modelliert und verwendet werden. Die vielfältigen, bislang nicht normierten Umsetzungs- und Ausgestaltungsmöglichkeiten ihrer Komponenten bieten insofern für Institute und Aufsicht eine besondere Herausforderung. Darüber hinaus machen sie es der Bankenaufsicht in der Praxis bislang fast unmöglich aufsichtliche Maßnahmen[493] zu ergreifen, die auf der Beurteilung der institutsindividuellen RTF-Konzepte basieren. Zur Begründung entsprechender Maßnahmen wäre zumindest der Bezug auf einen allgemein anerkannten oder regulatorisch vorgegebenen Vergleichsmaßstab notwendig, wie er in Abschnitt 4.5 vorgeschlagen wurde.

Methodisch bestehen momentan im Bereich der Risikoquantifizierung und besonders im Bereich der Intra- und Inter-Risk-Risikoaggregation noch deutliche Inkongruenzen zwischen den theoretisch bzw. mathematisch denkbaren und den in der Praxis tatsächlich realisierbaren Möglichkeiten ökonomischer RTF-Konzepte. Ein wesentliches Hindernis für statistisch valide Risikoschätzungen besteht darin, dass es in vielen Risikobereichen bislang in qualitativer und quantitativer Hinsicht an einer zuverlässigen Datengrundlage zur Schätzung der zur Risiko-

---

[491] Vgl. auch: Helfer (2009), S. 502.
[492] Vgl. auch: Geiersbach / Prasser (2010), S. 213.
[493] Aufsichtliche Maßnahmen sind die Maßnahmen, die die BaFin gemäß dem KWG gegenüber Instituten verhängen kann, um eine drohende Insolvenz oder negative Effekte auf das gesamte Bankensystem abzuwenden. Beispiele sind etwa: Verhängung von regulatorischen Kapitalaufschlägen, Verbot bestimmter Geschäfte, Abberufung von Geschäftsleitern, etc. Vgl. dazu: Kreditwesengesetz (2011), §§ 45 ff.

quantifizierung benötigten Verteilungsannahmen[494] und Korrelationsbeziehungen[495] mangelt. Die Verwendung vereinfachender Modellannahmen oder die alternative Berücksichtigung von „Expertenschätzungen" vermögen das damit verbundene Grundproblem der Prognoseungenauigkeit nicht zu beseitigen. Allein eine stärkere Nutzung und Weiterentwicklung von Stress-Tests und Stress-Szenario-Analysen scheint momentan eine plausible Möglichkeit, um die Validität und den Aussagegehalt ökonomischer RTF-Konzepte zu verbessern.

Ausgehend von den Erkenntnissen der jüngsten Banken- und Finanzkrise[496] erscheint es darüber hinaus sinnvoll und angezeigt, künftig auch ein deutlich stärkeres Augenmerk auf die Quantifizierung und Einbeziehung bislang weitgehend unberücksichtigter Risiken, wie etwa dem Liquiditätsrisiko oder dem Reputationsrisiko[497] zu legen.

5.2 Ausblick auf mögliche weitere Entwicklungen

Bereits aus Wettbewerbs- und Imagegründen sind zumindest bei den großen, international agierenden Instituten in den kommenden Jahren signifikante Fortschritte bei der Weiterentwicklung des internen Risikomanagements und somit auch bei der Optimierung der RTF-Konzepte zu erwarten.[498] Dabei werden besonders Verbesserungen und Weiterentwicklungen auf dem Gebiet der Korrelationsschätzung im Fokus stehen,[499] weil valide Inter- und Intra-Risk-Korrelationsschätzungen eine aktive, risikoreduzierende Geschäftssteuerung und somit deutliche Kosteneinsparungen ermöglichen würden. Darüber hinaus ist zu erwarten, dass einige Institute versuchen werden weitere Risikoarten in ihren RTF-Konzepten zu berücksichtigen bzw. in ihre Intra-Risk-Korrelationsschätzungen mit einzubeziehen, für die bislang kaum Quantifizierungsansätze vorliegen, wie etwa das strategische Risiko oder das Geschäftsmodell-Risiko einer Bank.[500]

---

[494] Mit „Verteilungsannahmen" sind hier sowohl Verteilungsannahmen bezüglich des jeweils betrachteten Risikos, als auch der für ein bestimmtes Risiko relevanten Risikofaktoren gemeint.
[495] Mit „Korrelationsbeziehungen" sind hier sowohl Inter- und Intra-Risk-Korrelationsbeziehungen, als auch Korrelationsbeziehungen zwischen den jeweils relevanten Risikofaktoren gemeint.
[496] Gemeint ist hier die als „Subprime-Krise" begonnene Banken und Finanzkrise.
[497] Gemeint ist hier eine Berücksichtigung des Reputationsrisikos als weitere Komponente des operationellen Risikos.
[498] Vgl. auch: Vgl. Barth (2010), S. 172-173.
[499] Vgl. auch: Wahrenburg / Niethen (2000), S. 21.
[500] Vgl. Committee of European Banking Supervisors (2010), S. 1-4.

Parallel dazu werden ökonomische RTF-Konzepte voraussichtlich auch im Bereich der Bankenaufsicht weiter an Bedeutung gewinnen. Hauptgrund dafür ist, dass sie grundsätzlich eine deutlich individuellere und risikosensitivere Beurteilung der wirtschaftlichen Solidität der Institute erlauben, als dies mit dem bisherigen Hauptinstrument der Bankenaufsicht, den Mindest-Eigenmittelanforderungen nach Säule 1 von Basel II, möglich ist. Entgegen der Einschätzung der Deutschen Bundesbank aus dem Jahre 2007,[501] gehe ich deshalb davon aus, dass eine unzureichende ökonomische Risikotragfähigkeit oder gravierende Defizite in institutsinternen RTF-Konzepten künftig sehr wohl als Grund für regulatorische Kapitalzuschläge oder andere aufsichtliche Maßnahmen dienen können. Um die dazu notwendige Objektivität der regulatorischen Beurteilung zu ermöglichen und gleichzeitig den Beurteilungsaufwand insgesamt risikoorientiert zu begrenzen, kann beispielsweise der in Abschnitt 4.5 dargestellte Optimierungsansatz verfolgt werden.

Abschließend sei jedoch auch vor einer allzu großen Euphorie bezüglich der (theoretischen) Möglichkeiten ökonomischer RFT-Konzepten und einem allzu starken Streben nach einer immer genaueren und umfassenderen Quantifizierung, Begrenzung und Steuerung bankgeschäftlicher Risiken gewarnt. Letztlich handelt es sich dabei stets um nichts Geringeres, als den Versuch die Zukunft vorherzusehen. Bei der Beurteilung ökonomischer RTF-Konzepte und den aus ihnen resultierenden Erkenntnissen sind stets die zahlreichen vereinfachenden Modellannahmen und die statistisch oftmals nicht validen Schätzungen im Bereich der Risikoverteilungsfunktionen sowie der Inter- und Intra-Risk-Korrelationsbeziehungen zu berücksichtigen. Unabhängig davon, wie komplex und scheinbar genau künftige RTF-Konzepte und die in ihnen zum Einsatz kommenden Prognosemethoden auch erscheinen mögen, ist deshalb stets der bekannte Satz des griechischen Philosophen Heraklit (*540 v. Chr. †480 v. Chr.) zu bedenken:

„Nur die Veränderung hat Bestand!"

---

[501] Vgl. Deutsche Bundesbank (2007), S. 69.

Literaturverzeichnis:

Akademie Deutscher Genossenschaften e.V. (2011): Risikotragfähigkeitskonzepte im Fokus der Aufsicht, (Artikel in: ADG Aktuell, September 2011), zu finden unter: http://www.adgonline.de/adg_online/Service/Newsletter/Newsletter-Archiv/ September_2011/risikotragfaehigkeitskonzepte_im_fokus_der_aufsicht/print.html, Abruf am 10.12.2011.

App, Jürgen G. (2006): Aktuelle Herausforderungen durch die MaRisk: Risikotragfähigkeit und Risikomessung, in: Risiko Manager, H. 21/2006, S. 8-10.

Auer, Michael (2002): Methoden zur Quantifizierung von Marktpreisrisiken – Ein empirischer Vergleich, veröffentlicht als: Locarek-Junge, Hermann / Röder, Klaus / Wahrenburg, Mark (Hrsg.): Finanzierung, Kapitalmarkt und Banken, Bd. 16, Köln.

Auer, Michael (2004): „Value at Risk", Methoden zur Quantifizierung von Marktpreisrisiken – Ein empirischer Vergleich, Präsentation vom 28.05.2004. Zu finden unter: http://www.wiwi.uni-frankfurt.de/profs/rommelfanger/index/dokumente/ Marktrisiko.pdf, Abruf am 25.12.2011.

Barth, Hubert (2010): Die Prüfung der Risikotragfähigkeitsrechnung von Banken aus Sicht der Wirtschaftsprüfung, in: Becker, Axel / Berndt, Michael / Klein, Jochen (Hrsg.): Risikotragfähigkeit im Fokus der Bankenaufsicht, Heidelberg, S. 121-174.

Basel Committee on Banking Supervision (2005): International Convergence of Capital Measurement and Capital Standards, A Revised Framework (Basel II), Basel. Zu finden unter: http://www.bis.org/publ/bcbs118.pdf, Abruf am 26.11.2011.

Basel Committee on Banking Supervision (2008): Range of practices and issues in economic capital modeling, Consultative Dokument, issued by 28 November 2008, Basel. Zu finden unter: http://www.bis.org/publ/bcbs143.pdf, Abruf am 20.12.2011.

Basel Committee on Banking Supervision (2010): Basel III: International framework for liquidity risk measurement, standards and monitoring, Basel. Zu finden unter: http://www.bis.org/publ/bcbs188.pdf, Abruf am 26.11.2011.

Basel Committee on Banking Supervision (2011): Basel III: A global regulatory framework for more resilient banks and banking systems, Basel. Zu finden unter: http://www.bis.org/publ/bcbs189.pdf, Abruf am 26.11.2011.

Beck, Andreas / Kramer, Helge (2010): Moderne Ansätze zur Fundierung der Risikostrategie und Risikotragfähigkeitsanalyse, in: Bantleon, Ulrich / Becker, Axel (Hrsg.): Risikomanagement und Frühwarnverfahren in Kreditinstituten, Berlin, S. 53-81.

Beck, Andreas / Lesko, Michael (2011): Aspekte der Korrelationsschätzung: Asset Allokation und Risikotragfähigkeit, in: Risiko Manager, H. 6/2011, S. 1, 8-18.

Becker, Axel (2008): Die Prüfung ökonomischer Kapitalkonzepte durch die Interne Revision, in: Becker, Axel / Gehrmann, Volker / Schulte-Mattler, Hermann (Hrsg.): Handbuch Ökonomisches Kapital, Frankfurt am Main, S. 126-153.

Becker, Axel / Gruber, Walter / Wohlert, Dirk (Hrsg.) (2006): Handbuch MaRisk, Mindestanforderungen an das Risikomanagement in der Bankpraxis, Frankfurt am Main.

Becker, Axel / Schmitt, Mathias / Winkler, Oliver (2010): Prüfung der Internen Revision im Prüffeld der Risikotragfähigkeitskonzepte, in: Becker, Axel / Berndt, Michael / Klein, Jochen (Hrsg.): Risikotragfähigkeit im Fokus der Bankenaufsicht, Heidelberg, S. 175-265.

Bieg, Hartmut / Krämer, Georg / Waschbusch, Gerd (2009): Bankenaufsicht in Theorie und Praxis (3. aktualisierte und erweiterte Auflage), Frankfurt.

Bieg, Hartmut / Kußmaul, Heinz (2000): Investitions- und Finanzierungsmanagement, Bd. I: Investition, München.

Boos, Karl-Heinz / Schulte-Mattler, Hermann (2001): Basel II: Methoden zur Quantifizierung operationeller Risiken, in: Die Bank, H. 8/2001, S. 549-553.

Boße, Werner / Fette, Andreas (2006): Strategien im Rahmen der MaRisk, in: Becker, Axel / Gruber, Walter / Wohlert, Dirk (Hrsg.): Handbuch MaRisk: Mindestanforderungen an das Risikomanagement in der Bankpraxis, Frankfurt am Main, S. 117-136.

Bühner, Andreas / Dicken, André / Wenner, Ines (2010): Bedeutung von Stresstests, in: Bantleon, Ulrich / Becker, Axel (Hrsg.): Risikomanagement und Frühwarnverfahren in Kreditinstituten, Berlin, S. 127-143.

Bundesanstalt für Finanzdienstleistungsaufsicht (2007): Rundschreiben 7/2007 (BA) - Zinsänderungsrisiken im Anlagebuch; Ermittlung der Auswirkungen einer plötzlichen und unerwarteten Zinsänderung, Bonn. Zu finden unter: http://www.bundesbank.de/download/bankenaufsicht/pdf/rs_7_2007_bafin.pdf, Abruf am 26.11.2011.

Bundesanstalt für Finanzdienstleistungsaufsicht (2010): Rundschreiben 11/2010 (BA) – Mindestanforderungen an das Risikomanagement – MaRisk, Bonn. Zu finden unter: http://www.bafin.de/nn_722758/SharedDocs/Veroeffentlichungen/DE/Service/Run dschreiben/2010/rs__1011__ba__marisk.html, Abruf am 21.11.2011.

Bundesanstalt für Finanzdienstleistungsaufsicht (2011a): Die drei Säulen von Basel II (Internetseite). Zu finden unter: http://www.bafin.de/DE/Unternehmen/ BankenFinanzdienstleister/Basel2/basel2__node.html?__nnn=true, Abruf am 21.11.2011.

Bundesanstalt für Finanzdienstleistungsaufsicht (2011b): Aufsichtliche Beurteilung bankinterner Risikotragfähigkeitskonzepte (Schreiben vom 07.12.2011 an alle deutschen Kreditinstitute), Bonn. Zu finden unter: http://www.bafin.de/cln_110/ SharedDocs/Downoads/DE/Service/Leitfaeden/leitfaden__risikotragfaehigkeit,temp lateId=raw,property=publicationFile.pdf/leitfaden_risikotragfaehigkeit.pdf, Abruf am 06.01.2012.

Committee of European Banking Supervisors (2010): Range of practices paper on supervisory approaches to treatment of business and strategic risk under Pillar 2, CEBS-paper No. 2010/277, 01.11.2010, London.

Daldrup, Andre (2003): Kreditrisikomodelle – State of the Art, in: Schumann, Matthias (Hrsg.): Institut für Wirtschaftsinformatik, Arbeitsbericht Nr. 8/2003, Göttingen. Zu finden unter: http://www2.as.wiwi.uni-goettingen.de/ getfile?DateiID=636, Abruf an 27.12.2011.

Dannenberg, Henry (2009): Investitionsentscheidung unter Berücksichtigung von Risikotragfähigkeitsrestriktionen, in: Zeitschrift für Controlling und Management (ZfCM), 53. Jg., H. 4, S. 248-253.

Denter, Klaus (2007): Die Prüfung der Risikotragfähigkeit und der Strategie, in: Becker, Axel / Kastner, Arno (Hrsg.): Prüfung des Kreditgeschäfts durch die interne Revision, Berlin.

Deutsche Bundesbank (2006): Die Umsetzung der neuen Eigenkapitalregelungen für Banken in deutsches Recht, in: Monatsbericht Dezember 2006, Frankfurt am Main, S. 69-91.

Deutsche Bundesbank (2007): Zum aktuellen Stand der bankinternen Risikosteuerung und der Bewertung der Kapitaladäquanz im Rahmen des aufsichtlichen Überprüfungsprozesses, in: Monatsbericht Dezember 2007, Frankfurt am Main, S. 57-72. Zu finden unter: http://www.bundesbank.de/download/volkswirtschaft/ mba/2007/200712mba_risikosteuerung.pdf, Abruf am 01.12.2011.

Deutsche Bundesbank (2009): Das Baseler Regelwerk in der Praxis – Zur Umsetzung der fortgeschrittenen Baseler Ansätze in Deutschland, in: Monatsbericht Januar 2009, Frankfurt am Main, S. 59-79.
Zu finden unter: http://www.bundesbank.de/download/volkswirtschaft/ mba/2009/200901mba_baseler_regelwerk.pdf, Abruf am 02.12.2011.

Deutsche Bundesbank (2010): "Range of Practice" zur Sicherstellung der Risikotragfähigkeit bei deutschen Kreditinstituten, Frankfurt am Main. Zu finden unter: http://www.bundesbank.de/download/bankenaufsicht/pdf/marisk/range_of_practice.pdf, Abruf am 23.12.2011.

Deutsche Bundesbank (2011a): Basel III – Leitfaden zu den neuen Eigenkapital- und Liquiditätsregeln für Banken, Frankfurt am Main. Zu finden unter: http://www.bundesbank.de/download/bankenaufsicht/pdf/basel3_leitfaden.pdf, Abruf am 25.12.2011.

Deutsche Bundesbank (2011b): Basel II - Die neue Baseler Eigenkapitalvereinbarung (Internet-Seite), zu finden unter: http://www.bundesbank.de/bankenaufsicht/bankenaufsicht_basel.php, Abruf am 20.11.2011.

Drüen, Jörg / Florin, Sascha (2010): Reverse Stresstest: Stress-Kennzahlen für die praktische Banksteuerung, in: Risiko Manager, H. 10/2010, vom 13.05.2010. Zu finden unter: http://www.risiko-manager.com/index.php?id=58&no_cache=1&no_cache=1&tx_ttnews%5Btt_news%5D=11623&tx_ttnews%5BbackPid%5D=58&cHash=ded38163a40e41889daee0cc96b72a1f, Abruf am 15.01.2012.

Ernst & Young GmbH, Wirtschaftsprüfungsgesellschaft (2011): Basel III – weitreichende Implikationen für die deutsche Bankenlandschaft, Inside-Sonderausgabe August 2011, Stuttgart.

Feix, Martin / Stechmeyer-Emden, Klaus / Stückler, Ralf (2006): Integration von Risiken und Einhaltung der Risikotragfähigkeit, in: Becker, Axel / Gruber, Walter / Wohlert, Dirk (Hrsg.): Handbuch MaRisk: Mindestanforderungen an das Risikomanagement in der Bankpraxis, Frankfurt am Main, S. 103-116.

Frohböse, Dietmar (2008): Integration des Marktrisikos im ökonomischen Kapital, in: Becker, Axel / Gehrmann, Volker / Schulte-Mattler, Hermann (Hrsg.): Handbuch Ökonomisches Kapital, Frankfurt am Main, S. 245-275.

von Furstenberg, George M. (2011): Contingent capital to strengthen the private safety net for financial institutions: Cocos to the rescue?, veröffentlicht als: Deutsche Bundesbank (Hrsg.): Discussion Paper, Series 2: Banking and Financial Studies, No 01/2011, Frankfurt. Zu finden unter: http://www.bundesbank.de/download/bankenaufsicht/dkp/201101dkp_b_.pdf, Abruf am 04.01.2012.

Gehrmann, Volker (2008): Die Säule II und MaRisk als aufsichtliche Basis ökonomischer Kapitalansätze, in: Becker, Axel / Gehrmann, Volker / Schulte-Mattler, Hermann (Hrsg.): Handbuch Ökonomisches Kapital, Frankfurt am Main, S. 99-123.

Gehrmann, Volker / Kaufmann, Oliver (2006): Der Einsatz ökonomischer Kapitalkonzeptionen im Kontext der MaRisk, in:
Becker, Axel / Gruber, Walter / Wohlert, Dirk (Hrsg.): Handbuch MaRisk: Mindestanforderungen an das Risikomanagement in der Bankpraxis, Frankfurt am Main, S. 333-358.

Geiersbach, Karsten / Prasser, Stefan (2010): Kreditportfoliomodelle: Risikotragfähigkeitskonzeption und Risikoquantifizierung aus Sicht der Internen Revision, in: Forderungs-Praktiker, H. 5/2010, S. 213-219.

Gössi, Marc / Hortmann, Steffen (2007): Risikotragfähigkeit wird Kernelement der Banksteuerung: Umsetzung von Risikoplanung, Kapitalallokation und Risikolimitierung, in: Der Schweizer Treuhänder, H. 8/2007, S. 551-556.

Gruber, Ralf / Hümmer, Ulrich (2006): MaRisk – Anforderungen an die Aufbau- und Ablauforganisation, in: Becker, Axel / Gruber, Walter / Wohlert, Dirk (Hrsg.): Handbuch MaRisk: Mindestanforderungen an das Risikomanagement in der Bankpraxis, Frankfurt am Main, S. 137-156.

Hager, Peter (2008): Risikotragfähigkeit als tragende Säule des Going-Concern-Gedankens, in: www.risknet.de, Beitrag vom 31.03.2008. Zu finden unter: http://www.risknet.de/risknews/risikotragfaehigkeit-als-tragende-saeule-des-going-concern-gedankens/0609c2b4723396ac1ed3429258ced24f/, Abruf am 15.06.2011.

Hänselmann, Michael / Wilderotter, Olga (2008): Einsatz des ökonomischen Kapitals in der Gesamtbanksteuerung, in: Becker, Axel / Gehrmann, Volker / Schulte-Mattler, Hermann (Hrsg.): Handbuch Ökonomisches Kapital, Frankfurt am Main, S. 157-191.

Helfer, Michael (2009): Prüfung der Risikotragfähigkeit - Das zentrale und zugleich schwierigste Prüfungsthema der Internen Revision, in: BankPraktiker, H. 11/2009, S. 502-506.

Hellstern, Gerhard (2006): Quantifizierung und Steuerung der operationellen Risiken (OpRisk), in: Becker, Axel / Gruber, Walter / Wohlert, Dirk (Hrsg.): Handbuch MaRisk: Mindestanforderungen an das Risikomanagement in der Bankpraxis, Frankfurt am Main, S. 527-548.

Hellstern, Gerhard (2009): Integration der Handelsgeschäfte in die Risikotragfähigkeit, in: Ramke, Thomas / Wohlert, Dirk (Hrsg.): Risikomanagement im Handelsgeschäft, Stuttgart, S. 25-44.

Heuter, Henning (2008): Perspektiven für Risikodeckungsmittel und Limite, in: Becker, Axel / Gehrmann, Volker / Schulte-Mattler, Hermann (Hrsg.): Handbuch Ökonomisches Kapital, Frankfurt am Main, S. 3-24.

Hirschmann, Stefan (2010a): Stresstests: Komplexität von Risikomesssystemen nimmt zu, in: Risiko Manager, Beitrag vom 30.09.2010. Zu finden unter: http://www.risiko-manager.com/index.php?id=58&no_cache=1&no_cache=1&tx_ttnews%5Btt_news%5D=12144&tx_ttnews%5BbackPid%5D=55&cHash=33e3d7d7aa, Abruf am 09.12.2011.

Hirschmann, Stefan (2010b): Neue MaRisk verlangen Risikoinventur und Risikotragfähigkeitskonzept, in: Risiko Manager, Beitrag vom 21.12.2010. Zu finden unter: http://www.risiko-manager.com/index.php?id=58&no_cache=1&tx_ttnews%5Btt_news%5D=12595&tx_ttnews%5BbackPid%5D=55&cHash=79eb6ad032, Abruf am 10.12.2011.

Hortmann, Steffen / Seide, Angelika (2006): Kapitalallokation und Limitsysteme im Kontext der MaRisk, in: Becker, Axel / Gruber, Walter / Wohlert, Dirk (Hrsg.): Handbuch MaRisk: Mindestanforderungen an das Risikomanagement in der Bankpraxis, Frankfurt am Main, S. 299-332.

Hüther, Michael / Hellwig, Martin / Hartmann-Wendels, Thomas (2009): Arbeitsweise der Bankenaufsicht vor dem Hintergrund der Finanzmarktkrise (Forschungsvorhaben fe 22/08), Köln. Zu finden unter: http://www.iwkoeln.de/Portals/0/pdf/dokumente_andere/2009/Gutachten%20Bankenaufsicht.pdf, Abruf am 04.01.2012.

Hull, John C. (2006): Optionen, Futures und andere Derivate, Authorized translation from the English language edition, entitled: Options, Futures and other Derivatives, by John C. Hull, 6th edition, Boston, München.

Jeckle, Michael (2008): Bankenregulierung: Säule II von Basel II unter besonderer Berücksichtigung des ICAAP (Study of the University of Applied Sciences of bfi Vienna), Fachhochschule des BFI Wien (Hrsg.), Wien.

Kaltofen, Daniel (2010): Liquiditätsrisikomanagement: empirische Ergebnisse zu Stresstesting und Refinanzierung, in: Zeitschrift für das gesamte Kreditwesen, 63. Jg., H. 3/2010, S. 135-139.

Kern, Marco / Pfeiffer, Guido (2011): Optimierung bestehender Risikotragfähigkeitskonzepte: Ansätze zur aktiven Steuerung und Überwachung der Risikotragfähigkeit, in: BankPraktiker, 7. Jg., H. 8/2011, S. 250-255.

Klauck, Kai-Oliver / Liermann, Volker (2009): Banken im Stresstest, erschienen in: die bank, Ausgabe 05/2009. Zu finden unter: http://www.die-bank.de/betriebswirtschaft/banken-im-stresstest, Abruf am 25.12.2011.

Kramer, Helge (2010): Moderne Ansätze zur fachseitigen Ausgestaltung der Risikotragfähigkeitsdarstellung in einer mittelgroßen Sparkasse, in: Becker, Axel / Berndt, Michael / Klein, Jochen (Hrsg.): Risikotragfähigkeit im Fokus der Bankenaufsicht, Heidelberg, S. 3-76.

Kreditwesengesetz (2011): Gesetz über das Kreditwesen (Kreditwesengesetz - KWG) in der Fassung der Bekanntmachung vom 9. September 1998 (BGBl. I S. 2776), zuletzt geändert durch Artikel 2 des Gesetzes vom 22. Juni 2011 (BGBl. I S. 1126), Berlin. Zu finden unter: http://www.gesetze-im-internet.de/kredwg/ BJNR008810961.html, Abruf am 15.12.2011.

Lenzmann, Björn (2008): Quantifizierung operationeller Risiken als Bestandteil der ökonomischen Kapitalsteuerung, in: Becker, Axel / Gehrmann, Volker / Schulte-Mattler, Hermann (Hrsg.): Handbuch Ökonomisches Kapital, Frankfurt am Main, S. 277-303.

Lüders, Uwe / Weber, Franz S. J. (2006): Qualitative Bankenaufsicht – Qualitätssicherungsmaßnahmen nach MaRisk, in: Becker, Axel / Gruber, Walter / Wohlert, Dirk (Hrsg.): Handbuch MaRisk: Mindestanforderungen an das Risikomanagement in der Bankpraxis, Frankfurt am Main, S. 61-73.

Meusel, Steffen G. (2006): Die MaRisk – ein erster Schritt zu Basel II, in: Becker, Axel / Gruber, Walter / Wohlert, Dirk (Hrsg.): Handbuch MaRisk: Mindestanforderungen an das Risikomanagement in der Bankpraxis, Frankfurt am Main, S. 49-60.

Mishkin, Frederic S. (2007): The Economics of Money, Banking, and Financial Markets (Eighth Edition), Boston (USA).

Oesterreichische Nationalbank (2006): Guidelines on Bank-Wide Risk Management - Internal Capital Adequacy Assesment Process, Wien. Zu finden unter: http://www.oenb.at/en/img/lf_icaap_englisch_gesamt___tcm16-39190.pdf, Abruf am 09.12.2011.

Oschischnig, Mario / Steiger, Birgit (2006): Die Bankenaufsicht in Oesterreich am Beispiel des ICAAP (Vortrag und Präsentation der Oesterreichische Nationalbank vom 10.05.2006). Zu finden unter: http://www.mat.univie.ac.at/~mfulmek/documents/ ss06/Vortrag3aufWunschentfernt2007-10-25.pdf, Abruf am 08.12.2011.

Ott, Birgit (2001): Interne Kreditrisikomodelle, veröffentlicht als: Rudolph, Bernd (Hrsg.): Risikomanagement und Finanzcontrolling, Bd. 4, Bad Soden / Taunus.

Petry, Markus / Bohlender, Christian / Kruse, Lars / Kunzelmann, Niels (2006): Quantifizierung operationeller Risiken (Studie der Dr. Peter & Company AG und der Fachhochschule Wiesbaden zur Quantifizierung operationeller Risiken bei 48 deutschen Kreditinstituten), Offenbach. Zu finden unter: http://www.risknet.de/ typo3conf/ext/bx_elibrary/elibrarydownload.php?downloaddata=226, Abruf am 29.12.2011.

Pfetsch, Sonja / Poppensieker, Thomas / Schneider, Sebastian / Serova, Diana (2011): Mastering ICAAP - Achieving excellence in the new world of scarce capital, in: McKinsey Working Papers on Risk, Number 27, May 2011. Zu finden unter: http://www.mckinsey.com/Client_Service/Risk/Latest_thinking/Working_papers_on_risk, Abruf am 04.12.2011.

Rehbein, Ronny / Wohlert, Dirk (2010): Neuerungen der MaRisk, in: Bantleon, Ulrich / Becker, Axel (Hrsg.): Risikomanagement und Frühwarnverfahren in Kreditinstituten, Berlin, S. 27-51.

Reitz, Stefan (2006): Stresstests, in: Becker, Axel / Gruber, Walter / Wohlert, Dirk (Hrsg.): Handbuch MaRisk: Mindestanforderungen an das Risikomanagement in der Bankpraxis, Frankfurt am Main, S. 571-589.

Reitz, Stefan (2008): Stress-Szenarien im Rahmen der Risikotragfähigkeitsrechnung, in: Becker, Axel / Gehrmann, Volker / Schulte-Mattler, Hermann (Hrsg.): Handbuch Ökonomisches Kapital, Frankfurt am Main, S. 319-346.

Schierenbeck, Henner / Lister, Michael / Kirmße, Stefan (2008): Ertragsorientiertes Bankmanagement, Bd. 2: Risiko-Controlling und integrierte Rendite-Risikosteuerung, 9. Auflage, Basel.

Schulte-Mattler, Hermann / Gaumert, Uwe (2008): Regulatorisches und ökonomisches Eigenkapital, in: Becker, Axel / Gehrmann, Volker / Schulte-Mattler, Hermann (Hrsg.): Handbuch Ökonomisches Kapital, Frankfurt am Main, S. 25-61.

Schulte-Mattler, Hermann / Manns, Thorsten (2010): Bedeutung des regulatorischen und ökonomischen Eigenkapitals für das Risikomanagement der Banken, in: Bantleon, Ulrich / Becker, Axel (Hrsg.): Risikomanagement und Frühwarnverfahren in Kreditinstituten, Berlin, S. 83-126.

Seifert, Susanne / Jürgens, Sebastian (2011): Herausforderungen im Umgang mit Stresstests, in: Ernst & Young GmbH, Wirtschaftsprüfungsgesellschaft (Hrsg.): Basel III – weitreichende Implikationen für die deutsche Bankenlandschaft, Inside-Sonderausgabe August 2011, S. 18-21.

Seuthe, Andreas (2010): Sicherstellung und Monitoring der Risikotragfähigkeit aus Sicht der Bankenaufsicht, in: Becker, Axel / Berndt, Michael / Klein, Jochen (Hrsg.): Risikotragfähigkeit im Fokus der Bankenaufsicht, Heidelberg, S. 77-120.

Singh, Raj / Wilson, Tom (2007): Insights from the joint IFRI/CRO Forum survey on Economic Capital practice and applications, Hrsg.: The Institute of the Chief Risk Officers / Chief Risk Officer Forum, Genf. Zu finden unter: http://www.ifri.ch, Abruf am 24.10.2011.

Smithson, Charles (2008): Gedanken zum ökonomischen Kapital, in: Deutsches Risk, Ausgabe: Sommer 2008, S. 34-37.

Solvabilitätsverordnung (2010): Verordnung über die angemessene Eigenmittelausstattung von Instituten, Institutsgruppen und Finanzholding-Gruppen (SolvV), vom 14. Dezember 2006 (BGBl. I S. 2926), zuletzt durch Artikel 1 der Verordnung vom 5. Oktober 2010 (BGBl. I S. 1330) geändert, Berlin. Zu finden unter: http://www.gesetze-im-internet.de/bundesrecht/solvv/gesamt.pdf, Abruf am 23.11.2011.

Stigler, George J. (1971): The Theory of Economic Regulation, in: The Bell Journal of Economics and Management Science, Vol. 2, No. 1, S. 3-21.

Tasche, Dirk (2008): Allokation des ökonomischen Kapitals auf Teilportfolios und Transaktionen, in: Becker, Axel / Gehrmann, Volker / Schulte-Mattler, Hermann (Hrsg.): Handbuch Ökonomisches Kapital, Frankfurt am Main, S. 193-212.

Theiler, Ursula (2006): Umsetzung effizienter Risikostrategien im Rahmen des Internal Capital Adequacy Assessment Process (ICAAP), in: Becker, Axel / Gruber, Walter / Wohlert, Dirk (Hrsg.): Handbuch MaRisk: Mindestanforderungen an das Risikomanagement in der Bankpraxis, Frankfurt am Main, S. 359-396.

Traughber, Patrick / Cremers, Heinz (2007): Handlungsalternativen einer Genossenschaftsbank im Investmentprozess unter Berücksichtigung der Risikotragfähigkeit, erschienen als: Frankfurt School of Finance & Management Working Paper No. 79, Frankfurt am Main.

Wahrenburg, Mark / Niethen, Susanne (2000): Vergleichende Analyse alternativer Kreditrisikomodelle, veröffentlicht in: Kredit und Kapital, H. 2/2000, S. 235-257. Zu finden unter: http://www.is-frankfurt.de/publikationenNeu/Vergleichende Analysealternativ.pdf, Abruf am 24.12.2011.
(Die in den Fußnoten verwendeten Seitenangaben beziehen sich auf den im Internet abrufbaren Originaltext.)

Wehn, Carsten S. (2008a): Aspekte ökonomischer Kapitalsteuerungsmodelle zur Gewinnung angemessener Risikomesszahlen, in: Becker, Axel / Gehrmann, Volker / Schulte-Mattler, Hermann (Hrsg.): Handbuch Ökonomisches Kapital, Frankfurt am Main, S. 215-245.

Wehn, Carsten S. (2008b): Zur Validierung von Marktrisikomodellen, in: Deutsches Risk, Ausgabe: Winter 2008/09, S. 34-40.

Wolff, Roland (2008): Interne Marktrisikomodelle – heute und morgen, in: Bankgeheimnis, Ausgabe 02/2008 (Publikation der Xuccess Consulting GmbH). Zu finden unter: http://www.xuccess.de/syskonet/index.php?StoryID=2266, Abruf am 28.12.2011.

Zeilbeck, Martin (2007): Das Risikotragfähigkeitskonzept – Grenzen des Risikos, in: geldprofi (Zeitschrift für Aus- und Weiterbildung der Sparkassen-Finanzgruppe), Ausgabe 06/2007, S. 40-42.

Zeranski, Stefan (2011): MaRisk-konformes ertragsorientiertes Management von Liquiditätsrisiken in Banken, in: Luderer, Renate (Hrsg.): Gesamtbankrisikosteuerung in Krisenzeiten – MaRisk-Novellierung und aktuelle Herausforderung für eine nachhaltige Bankunternehmensführung, Chemnitz, S. 11-50.

Zeranski, Stefan / Geiersbach, Karsten / Walter, Bernd (2008): Ökonomisches Kapital für das Liquiditätsrisiko in Instituten, in: Becker, Axel / Gehrmann, Volker / Schulte-Mattler, Hermann (Hrsg.): Handbuch Ökonomisches Kapital, Frankfurt am Main, S. 367-432.

Zurek, Jan (2009): Kreditrisikomodellierung: Ein multifunktionaler Ansatz zur Integration in eine wertorientierte Gesamtbanksteuerung, veröffentlicht in der Reihe: Hansmann, Karl-Werner / Layer, Manfred / Preßmar, Dietmar / Voigt, Kai-Ingo (Hrsg.): Betriebswirtschaftliche Forschung zur Unternehmensführung, Wiesbaden.

Der Autor:

Michael Menningen wurde 1975 geboren. Er entstammt einer Familie, in der das Bankwesen eine lange Tradition besitzt. Nach einer klassischen Bankausbildung arbeitete der Autor u.a. mehrere Jahre als Teamleiter im Firmen- und Großkreditgeschäft eines mittelständischen Kreditinstituts. Parallel absolvierte er ein Studium zum Diplom Betriebswirt, wobei er im Rahmen seiner Diplomarbeit ein Ratingsystem für das Firmenkundengeschäft seines damaligen Instituts entwickelte. 2004 wechselte er zur Bundesanstalt für Finanzdienstleistungsaufsicht (BaFin), wo er in den folgenden Jahren durch die Beaufsichtigung zahlreicher kleiner und verschiedener systemrelevanter Institute sowie einer mehrjährigen Tätigkeit als persönlicher Assistent der damaligen Exekutivdirektorin der deutschen Bankenaufsicht alle Facetten des Bankwesens und der nationalen und internationalen Bankenaufsicht kennenlernte. Seit Anfang 2011 ist der Autor für die Beaufsichtigung eines der größten, weltweit agierenden und als global systemrelevant geltenden Instituts zuständig, wobei er sich insbesondere mit dem Risikomanagement der Bank befasst. Parallel dazu hat der Autor im Jahr 2012 ein weiteres Studium zum Master in Finance and Banking an der WHL Wissenschaftliche Hochschule Lahr abgeschlossen und sich in dessen Rahmen intensiv mit ökonomischen Risikotragfähigkeitskonzepten in Banken auseinandergesetzt.